Money錢

Money錢

Money錢

Money錢

陳重銘寫給不想一輩子窮忙的你,
10個觀念從領薪水到領千萬股利

富媽媽 窮媽媽

陳重銘——著

K 金尉出版　Money錢

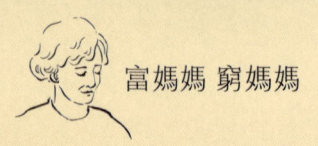
富媽媽 窮媽媽

目錄

作者序
從沒得選，到選擇自己的人生！ ………… 06

前言
富腦袋、富一生 10個最值得傳承的金錢思維 ……12

第1章　初試啼聲的電子股年代 …………22
新手好運結束 我賠掉80%

買進未上市台積電 是倖存者偏差？／投資股票的開始 跟老媽借10萬元／公司不會倒 不代表可以拿來存股／投資要賺錢 尋找有護城河的企業／股市越來越熱 證券龍頭未來占優勢／投資不是問明牌 要建立自己的能力圈／找出股價安全邊際 避免買太貴

002

第2章　找到翻轉人生的可能 46
學會投資 人生才有備用跑道

被緊迫盯人的青春 教會我 2 件事／從「穩定」幻象中驚醒 靠投資改變人生／玩物喪志 代價是延後財務自由／投資的智慧 有捨才有得／在藍海中 找出最強航空母艦／做好 B 計畫 幫自己創造財富分身／早 8 年投資 勝過後面 35 年努力／工作一輩子 不如分身替你賺到老／讓孩子補習 不如幫他布局未來／高股息＋市值型 ETF 打造長期飯票

第3章　用資產幫負債買單的第一課 76
買車或買房 都要有人幫你付錢

先買房還是存股 要看現金流／致富 3 順序 用資產替你打贏財務戰／財務選擇題 做錯窮忙一輩子／開車代步 10 年 資產後退逾 500 萬／投資汽車股 靠股利跟價差買車

第4章　股災時學會大膽危機入市 98
借對錢資產倍增 用錯槓桿本金喊救命

槓桿能助攻 也能斷送你僅有本金／融資撐大部位 風險也跟著加倍／借對工具 穩健放大資金效益／借房貸危機入市 改變人生軌跡／股災是機會 還是讓你賠光的那一刀？

第5章　學會用股利打造現金流　　　　　　　　122
領股息到賺價差 金融股教會我的5件事

找出投資節奏 金融股讓你遊山玩水／學習富人方法 小資族也能養出金雞母／想在股市上天堂 先學會在股災撿便宜／上班族為薪水加班 投資人用股利分紅／不要只會領股利 金融股也有套利節奏／壽險金控不適合存 跟著景氣循環賺價差／用股利錢滾錢 打造財富成長曲線

第6章　靠ETF擴散持股範圍　　　　　　　　146
ETF看似被動 更需要主動選擇

主動型 ETF：經理人操盤 勝負看實力／被動型 ETF：持股分散 卻可能權重失衡／ETF 也要分散 選對指數才有未來／高股息 ETF：別只看配息 總報酬才是核心／高股息 vs 市值型 依年齡採不同策略／月月配息是賣點 報酬讓人月月嘆氣／破解 4 大幻術 別跟風湊熱鬧

第7章　離開職場換錢替我工作　　　　　　　　176
ETF互補存股法 退休金流滾起來

不等體制放人 自己選擇退場時間／3 類型股票 會拖垮退休帳戶／退休理財不用拚命 夠穩才走得長久／留意 4 風險 打造樂齡生活／起步晚沒關係 開始最重要／高配息產品誘人 卻可能侵蝕退休金／買對又買巧 退休月月領現金

第8章　槓桿型ETF替資產裝加速器 200
50%投資法 取得風險與報酬平衡

窮人怕賠錢 有錢人在賠錢中進步／股災中學撿便宜 指數型槓桿型 ETF 不怕倒閉／現金搭配槓桿型 ETF 穩住風險、衝高報酬／複利放大漲幅 跌深帶來暴衝獲利／做好資金配置、心態調整 才能降低風險

第9章　開啟全球布局的視野 222
從選股到4大指數 打造美股投資地圖

用本益成長比 算出美國科技股合理價／好股票抱緊處理 領股利就能養活你／費城半導體指數：全球科技巨頭齊聚／道瓊工業指數：藍籌代表聚焦民生龍頭／那斯達克 100 指數：匯集新創科技龍頭／標普 500 指數：最能代表美國市場

 富媽媽 窮媽媽

作者序
從沒得選，
到選擇自己的人生！

我的小女兒 2024 年大學畢業後，她想要出國留學，就一邊當工讀生賺錢，一邊考雅思申請學校。沒想到她哥哥當兵回來後，也說要跟妹妹一同出國求學，我老婆開始傷腦筋出國的學費，兩個人 1 年要 5、6 百萬台幣。是有一點超過我的想像，但是我沒有被這個金額嚇到，因為小女兒的帳戶內有近 2 千萬元的股票。

在小女兒年滿 20 歲之後，我就要她去券商開戶，記得是在她讀大三時，幫她買進 10 張 538 元的台積電（2330），

如今也賺到 500 多萬元，足夠繳交她跟哥哥的學費了！如果我不懂得從股市中提款，只靠著我過去高職教師的薪水，恐怕要 5 年不吃不喝才負擔得起！

年輕時的我也渴望出國留學，可惜爸爸在我當兵時就投胎去了，退伍後我只能認命考國內的研究所，因為我沒得選擇。我前前後後換過 6 個工作，總共上班 25 年，過去的我為何要投資股票，因為要「追求自由」，我不想工作一輩子。如今的我卻有了更深的體會，投資理財可以給我「選擇的能力」，讓我規劃自己想要的人生。

大多數的人，都只能辛苦工作一輩子，再靠著微薄的退休金過活，如果你不甘心這樣過一生，要如何跳出「為五斗米折腰」的生活呢？來看看我老媽的故事吧！我小時候住的是農村三合院，家裡有養雞、養鴨、養豬跟養牛，老媽身為大媳婦，每天操持家族三代同堂的生活起居，除了洗衣燒飯之外，最常看見她跟著鄰居婆婆媽媽，做一些家庭手工藝品賺錢。

小時候我一直覺得老媽很窮，是個窮媽媽。我的壓歲錢都被她收走，還不給我零用錢，當時經濟大權掌握在阿公手中，

 富媽媽 窮媽媽

所以我很小就學會從阿公的抽屜中「借」錢。阿公在我讀高中時過世，老媽的手頭才寬裕了起來，只是在我考上大學時，老爸又確診了鼻咽癌，當時我跟弟弟、妹妹都還在讀書，老媽一個人操勞老爸的醫藥費跟小孩的學費，真的是辛苦。

在我讀大學時期，老家的三合院被收購，老媽拿到錢之後作了一個改變家族未來命運的決定──買進未上市的台積電的股票。當時銀行定存利率超過 7%，許多家庭主婦都把錢存在銀行，我還記得老媽跟我說：「未來是投資的時代。」她不斷地把手中的錢換成股票，不過她大多是用「道聽塗說」的方式在選股，後來有幾檔也變成壁紙。

老媽的台積電一開始也是賠錢的，未上市時股價曾經跌到 10 元，只剩下她買進價的十分之一。但是她堅持「賠錢就不賣」，後來台積電賺錢了，也持續配發高額的股票股利，手中張數如滾雪球般增加，股利也越領越多，終於翻身成為富媽媽。

我年輕時投資股票，總以為自己很厲害，喜歡殺進殺出做價差，但往往是「這邊賺，那邊賠」，最後白忙一場。每

年看老媽只是抱牢台積電,報酬率卻遠比我還要高,讓我開始思索什麼是「價值投資」,也逐漸改變我的投資觀念。

我年輕時刻苦讀書,也取得了不錯的學歷,但是在當了 5 年流浪教師後,已經無法在科學園區覓得一缺半職。可是我那個只有國中學歷的老媽,每當台積電配發股利時,都會開心地跟我說,有好幾個台積電的工程師在幫她賺錢。這不僅刺激著我,也讓我知道「富貴要人幫」,與其靠自己辛苦工作,還不如靠一堆好公司來幫我賺錢。

老媽從年輕時的窮媽媽,最後成為繳交 5,000 萬元遺產稅的富媽媽,精彩的一生給我很多啟發,我也決定要好好規劃這一筆財富。如今送小孩出國求學只是一個起點,我渴望學習一些超級有錢人,到全世界各地去投資跟置產,體驗不一樣的人生高度。

我打算花 10 年時間,帶著小孩跟我一起投資股票,從實戰的過程中學習;然後再花 10 年時間,由小孩接棒操盤,我在一旁盯著即可。我內心規劃著一個跨國的控股公司,我相信會在小孩這一代生根茁壯,藉由資本的力量,子子孫孫再

 富媽媽 窮媽媽

也不用為五斗米折腰。

我很喜歡看超級英雄的電影,最羨慕蝙蝠俠的超能力「I Am Rich」,回首一下陳家三代人的經歷,老爸跟老媽出生在貧窮的時代,我自己也認真上班了 25 年。改變我一生以及家族未來的,就是老媽留下來的投資理財觀念,這才是最寶貴的遺產。

你不可能被蜘蛛咬後就成為超人,但是藉由努力學習,你也可以獲得「投資理財」的超能力。這雖然只是薄薄的一本書,卻是濃縮老媽跟我兩代人、40 年累積的投資經驗,相信會對你有幫助的。

我們家的改變是從老媽開始,子孫真的是受益無窮。你們家的改變可以從你開始,你不僅要讓自己提早退休,你更要翻轉整個家族的未來,「投資理財」就是改變未來的超能力。

作者序
從沒得選,到選擇自己的人生!

富媽媽 窮媽媽

富腦袋、富一生
10個最值得傳承的金錢思維

在我考上三重商工後,小女兒也跟著出生,為了要養3個小孩,我要同時在日夜間部上課,並利用課餘時間寫教科書賺稿費,每天都像在蠟燭三頭燒,但我心裡很清楚:靠教職薪水,不可能改變我的人生。

那時候,我已經決定靠投資來翻轉命運,而這個念頭,其實是從老媽身上來的。我媽只是一個普通的家庭主婦,卻很早就知道「錢要靠錢滾出來」,不能只靠雙手賺。當老家的三合院被徵收後,她把錢分成兩份:一半放定存,另一半去買未上市股票,其中就有當時還沒掛牌的台積電。

她沒有上過財經課,也沒看過研究報告,只是覺得這家公司賺錢穩、配息穩,有未來,就這樣一抱30幾年,抱出了9位數

的身價。在老媽影響下,我很早就開始接觸股票。

後來我才明白,老媽留給我的,不只是那幾張股票,而是「富腦袋」的啟蒙——即使收入不高,只要觀念正確、方法正確,每個人都可以成為自己人生的操盤手。以下這 10 個關鍵金錢觀,就是我從老媽身上觀察到,也在自己人生實踐過的真理。

你也可以用這 10 個角度對照一下,自己目前在哪一邊?改變,就從這裡開始。

1. 收入管理

富人的金錢思維	窮人的金錢思維
不只靠工資,會創造多種收入	只靠薪水,沒有其他收入來源

在我年輕時,覺得岳母就是富媽媽,她是有穩定收入的公務員,而我的岳父則在行政院當大官,還拿過 10 大傑出青年。岳父、岳母的收入算是不錯的,我結婚的西裝還是他們買單。他們假日時會跟朋友聚餐,參加的都是一些大官、法官⋯⋯聽到一餐動輒花掉 5,000 元,我有點愣住,對於剛踏入社會的我,而且在物價不高的年代,那真的是一筆大錢啊,當時我真心覺得岳母就是富媽媽。

我的老媽則是一輩子在家當家管,三代同堂時還要伺候公公

富媽媽 窮媽媽

婆婆跟小姑。每年農曆春節後，老媽都要收走我的紅包，她也在幫別人縫紉衣服賺零用錢，還趁菜市場快收攤時，過去買便宜但是有瑕疵的蔬果，我從小就覺得老媽很窮，非常窮。

30多年很快地過去了，我的岳父母碰到公務員年金改革，退休金大幅減少。反觀我那個很窮的老媽，買進未上市的台積電股票，然後長期持有，她經常得意地跟我說，有好幾個台積電工程師在幫她上班。老媽只有國中學歷，一輩子沒有上班工作，但是靠著台積電的加持，累積了9位數的身家，最後變成了富媽媽。

2. 投資態度

富人的金錢思維	窮人的金錢思維
長期投資，耐心等資產增值	想短期翻倍，經常追熱門股

老媽買進未上市的台積電後，我常常說她很lucky，是靠運氣，但是老媽不同意，一直辯說她有觀察到台積電的獲利跟股利都穩健地成長，所以她就這樣抱了30幾年。

老媽當初買台積電的價位，記得1股是100元左右，這是當時員工拿到配股後，想要快速賺價差就賣了出來，只是沒想到後來台積電又一路漲了幾十倍啊！姑且不論老媽懂不懂得看財

報,她抱 30 幾年的功力就不是多數人能辦得到。我從她身上學到的另一件事就是,窮媽媽買進股票後,會急著想要獲利了結;富媽媽則是非常有耐心,等待將來的開花跟結果。

3. 風險管理

富人的金錢思維	窮人的金錢思維
會保留現金流,不賭身家	資金全押,沒準備應急金

在我讀大學時,老家的三合院被收購,老媽拿到錢之後分成 2 份,一半買進台積電、飛虹、鑫成、世界先進……這些未上市的股票,另一半放在銀行定存,當時利率有 7% 以上。

後來台積電發達了,我就問老媽當初幹麼不把錢全部拿去買股票,老媽說當時我們都還在讀書,需要預留一些資金。不幸的是我老爸得了鼻咽癌,治療也需要錢。其實台積電上市前的營運並不穩定,股價一度跌到面額 10 塊錢!如果當初老媽把錢都拿去買 100 元的台積電,老爸生病後又急需用錢,只能把台積電賤賣在 10 塊錢,也就無法累積到現在的身家。

窮媽媽只會想著贏,動不動就 all in,一旦出意外就直接破產;富媽媽則是會想著不能輸,保留現金才不會讓自己走上絕路。

4. 消費習慣

富人的金錢思維	窮人的金錢思維
投資自己，提升未來價值	賺多少花多少，沒有儲蓄

我年輕時在私立高職教書，1個月薪水僅3萬元，後來為了照顧小孩，到基隆海事夜間部當了5年的流浪教師。

我很清楚地知道，我只能夠靠投資翻轉未來，所以我認真學習，財經報紙、周刊、月刊、書籍……通通都不放過，而且我當一個省錢的「不敗」教主，努力開源節流來灌溉我的股票資產，終於也累積到9位數身價，並在53歲那年提早退休。

窮媽媽通常是今朝有酒今朝醉，既然買不起房、生不起小孩，乾脆把薪水花光光來犒賞自己，沒有儲蓄如何翻轉未來？富媽媽則是把金錢當成一種資源，在股災時勇敢「錢進」超跌績優股，抓住財富重新分配的時機。

5. 財務目標

富人的金錢思維	窮人的金錢思維
以財務自由為目標	只想「過日子」，沒有規劃

很多人的一生，就是在賺錢跟花錢中度過，儘管上班賺錢不

輕鬆，但最糟糕的是讓你養成依賴薪水這份收入的習慣，只要一天不出門工作，家裡就會斷糧。

過去在學校教書的我，一個禮拜只要上十幾堂課，還有寒暑假可以放，日子過得算是舒服。但是我如果安於現狀，就得乖乖教書到65歲，退休再來煩惱錢不夠用，可是到那時也來不及了。

窮媽媽的特點就是「用時間換錢」，每天花大把的時間上班賺錢，跟滾籠中的老鼠一樣，一輩子跑個不停；富媽媽則是知道「用錢換時間」的道理，努力打造股利現金流，開除老闆之後，可以有很多的時間來旅遊，實現人生的夢想。

6. 現金流管理

富人的金錢思維	窮人的金錢思維
善用現金流，讓錢持續滾動	沒概念，錢來就花的月光族

老媽一輩子過得很節儉，但是買股票時又非常地大方，每當她領到股利之後，就叮嚀我要趕快再買回去，就這樣堅持30幾年，累積了9位數身價。投資股票是「知易行難」，好股票大家都知道，但是難在「堅持下去」這件事。

窮媽媽的特點就是「先花錢，再投資」，薪水先爽爽花，打

富媽媽 窮媽媽

算剩下的錢再投資,結果變成月光族,也就沒有錢投資股票;富媽媽則是堅持「先投資,再花錢」,一拿到薪水先把投資的錢撥出去,只能花剩下的錢,僅管一開始會很辛苦,但是「先苦後甘的人生」很值得。

7. 學習態度

富人的金錢思維	窮人的金錢思維
持續學習財商,優化投資策略	不學理財,認為投資是賭博

老媽年輕時,花了很多時間學習設計跟縫製衣服,因此她的技術很厲害,我小時候看她的縫紉機都沒有停過,不是在幫一家人縫縫補補,就是幫別人修改衣服賺錢。

想要賺錢之前,要先花時間好好學習專業,這是常識吧?可是在投資的領域卻很奇怪,有些人覺得只要上網問一下明牌,就會成為股神了。

把投資當成賭博,難怪會十賭九輸。

窮媽媽通常大手筆砸下幾十萬消費買東西,卻捨不得買幾百元的書,或是去上幾千元的課程;富媽媽則是確信「股海在走,知識要有」,願意先花時間跟小錢來投資自己,藉由不斷優化自己的投資策略,資產也會如同雪球般越滾越大。

8. 負債觀念

富人的金錢思維	窮人的金錢思維
懂得運用「好債」,讓資產增值	害怕負債,寧可不投資

以前房貸利率很高,1999 年 9 月時曾高達 7.9%,當時的人普遍不敢跟銀行借錢,說要借錢投資股票,肯定會被長輩訓斥。

然而高利率畢竟不利於經濟發展,之後利率一路往下掉,2008 年因為金融海嘯導致股市大跌,我跟老媽商量用房貸借錢,沒想到老媽居然跟我說要多借一點!只可惜當時我膽小愛錢又怕死,只借了 500 萬元(那時我已經覺得是鉅款),如今這筆房貸即將在 2029 年初還清,我的資產也因此多了幾千萬。

窮媽媽很怕跟銀行借錢,害怕要一直繳利息給銀行,而且為了安穩,寧可把錢放定存只拿一點點的利息;富媽媽懂得善用「好債」,例如每當股災發生時,政府都會降息救經濟,這時候要到銀行借錢大買便宜績優股,因為財神爺又來敲門了。

9. 資產配置

富人的金錢思維	窮人的金錢思維
分散投資,不把雞蛋放同一個籃子	看好就 all in,不怕賭身家

老媽買的眾多未上市股票中,我最不會忘記的就是鑫成,記

富媽媽 窮媽媽

得有一天老媽拿出 48 萬元現鈔,要我到銀行辦理現金增資的繳款,年輕的我哪看過這麼多錢?眼睛頓時亮了起來。

那是 1990 年代,正值台灣電子股飆漲,我還記得銀行櫃檯小姐一臉羨慕,一直問我是從哪裡買未上市股票,我則是一臉的驕傲跟莫測高深。沒想到,鑫成這家公司最後倒閉了,老媽說她蒸發了 300 萬元,還好老媽有堅持分散投資,也順便買了一些台積電,如果當時都買鑫成的話,就不敢想像了!

窮媽媽會把投資當賭博,一旦看好就 all in,輸贏全憑運氣;富媽媽則是會考量分散投資,了解股海中「小心駛得萬年船」,不爭一時而是爭千秋。

10. 應急準備

富人的金錢思維	窮人的金錢思維
預留緊急資金,確保財務安全	沒準備緊急金,一有變故就陷入困境

對於一般的上班族來說,建議存一筆緊急預備金,最少要能支撐半年到 1 年的生活費。2020 年疫情期間,各行各業紛紛關門休息,如果放無薪假在家,又要支付房貸、生活費跟小孩的學雜費,最後只能賤賣手中的好股票,得不償失啊!而且有了緊急預備金,心裡面會比較踏實,操作股票才不會患得患失。

窮媽媽從不準備預備金，遇到變故只能寅吃卯糧，撐不下去就破產；富媽媽會將收入妥善規劃成 4 筆：生活必需、必要保險、儲蓄、投資，確保財務上的安全。

回首過去的 30 年，我的投資歷程，其實就是從電子股、金融股到 ETF，最後走向資產穩定化與現金流優化的過程。這些工具的轉換，正是我每個階段財富成長的真實紀錄。這本書的 9 個章節，就是我的「財富成長地圖」，你可以從中找到屬於自己的參考模式。

第1章
初試啼聲的
電子股年代

在投資的起點，我像多數人一樣跌跌撞撞，選擇當時熱門的電子股。這些年，我從錯誤中學習，也從觀察中找到方向——一個投資人的養成，從來不是一步登天，而是一段痛苦但寶貴的學習過程。

富媽媽 窮媽媽

初學者好運結束
我賠掉80%

行路難，拔劍四顧心茫然！1991年春天的一個深夜，我站在軍艦梯口值勤，已經站了快4小時的衛兵了，基隆港的海風冷颼颼地颳著，儘管穿著防寒大夾克，還是忍不住發抖了起來，只好繞著軍艦巡視一圈，靠著慢跑來禦寒。當時我已經是「破百」（役期剩不到100天）的老鳥，1年10個月的海軍生涯即將在6月畫下句點，期待嗎？我望向茫茫的大海，有點不知道要何去何從？

以前那個時代，男生要先當完兵才能出國留學，我在1989年大學畢業後馬上入伍，利用當兵時準備托福跟GRE（美國研究所入學測驗），只是計畫比不上變化，老爸在1990年底提早投胎去了，現實狠狠地打消了我出國讀書的念頭。

我還有錢嗎？讀大四時投入 10 萬元買股票，偏偏當兵時碰到台股史上最大崩盤，這一點股票完全幫不上忙。幸好當兵期間我省吃儉用，大概存下 3 萬元，但是這一點錢夠我翻身嗎？每當我在晚上站衛兵，就忍不住思索未來，我給自己訂下第一個「10 年計畫」。

第一個 10 年，1992～2001 年：退伍後靠著 3 萬元積蓄，到補習班加強課業，考上台大跟台科大的研究所。畢業後成家立業，前後換了 6 個工作，終於考上公立高職教師，也有了 3 個可愛的小孩。一邊工作一邊存股，累積到約 500 萬元股票，接著又訂下第二個計畫。

第二個 10 年，2002～2011 年：在學校同時擔任日夜間部雙導師，寫了 23 本高職教科書賺版稅，不斷地開源節流存股，股票資產也達到 2,000 萬元，然後我又訂下第三個計畫。

第三個 10 年，2012～2021 年：教書工作穩定，存股也變成習慣，開始成為財經作家；2019 年離職，當一個專業投資人。

每當回首過去的 30 年經歷，總有恍如隔世的感覺。剛退伍時茫然不知所措，只能先拚研究所，經歷 5 年流浪教師生涯，背負 3 個小孩的沉重壓力，不斷地開源節流跟存股，到如今累積 9 位數身家，年領 8 位數股利，我的世界發生了翻天覆地的改變。

我只是一個工作 25 年的上班族，感謝 30 年前的我堅持存股票，更感謝自己不斷地學習跟進步。如果你還在徬徨不知所

 富媽媽 窮媽媽

措,對人生沒有希望,先來看看我老媽的故事吧!

買進未上市台積電 是倖存者偏差?

小時候家裡是三代同堂,阿公種田,我爸爸則是在菜市場賣米,經濟大權掌握在阿公手中,老媽只能幫人家改衣服,或是做一些家庭手工藝品來賺錢,每年春節還要沒收我們的紅包。

記得有一次老媽帶我跟表弟要去雲仙樂園玩,先到米店找爸爸拿錢,我爸爸囉嗦了半天卻是一毛不拔,無奈之下老媽只能帶我跟表弟離開,我在火車站有點失望,想說家裡怎麼這麼窮啊?沒想到,遠遠的看到爸爸走過來,遞給老媽 10 張 10 元鈔票,這一幕我永遠都記得(那時候的 100 元價值和現在可不一樣)!

改變一切的是在我讀大學的時候,家裡的三合院被收購走了,老媽拿到了一筆錢,決定拿去買股票,我還記得她跟我說:「未來是投資的時代」,這真的是很有遠見,要知道,當時銀行定存的利率超過 7%。那麼老媽是怎樣買股票?就道聽塗說啊!

當時有位鄰居在台積電上班,跟老媽說:「阿嫂,我們公司不錯喔!」勇敢的老媽就買進未上市的台積電,這真的算是運氣好,那時候老媽也買進鑫成、台晶、飛虹、世界先進這些未上市公司,一樣都是聽鄰居的建議。後來老媽到美國長住,股票都交給我管理,鑫成最後倒閉了,台晶跟飛虹我趁著上市就出清,世

界先進也轉換到台積電去。

其實投資台積電一開始也沒賺錢，未上市時股價曾慘跌到 10 元，但是老媽堅持不賣，後來這些股票賺錢，而且越賺越多，當然也就更不會賣，一支股票抱了 30 幾、近 40 年算是挺有耐心的。有時候我會開玩笑跟老媽說她是運氣好，但是她非常不同意。每當我講到這一段歷史，就有網友說那是「倖存者偏差」，要是買到宏達電不就完蛋了！

古羅馬政治家西塞羅（Marcus Tullius Cicero），是一位無神論者，有一天一個信神者跟他辯論：「在某次沉船事故中，跟神禱告且祈求保佑的人都活了下來，因此只要相信神，神就會保護你。」結果西塞羅只冷冷地回了一句：「我比較想聽聽那些信神卻溺死的人怎麼說。」只有倖存下來的人，才能說出信神有效的話，這就是倖存者偏差。

別誤會了，倖存者偏差不是讓你拿來說：「他只是運氣好，不小心買到對的股票，你如果照著做根本是找死！」而是要你觀察倖存者的生存之道，從中找出成功的方法。當初老媽買進台積電確實是運氣好，但是長抱 30 幾年則是要靠實力。老媽雖然只有國中學歷，一輩子當家管沒有上班過，但是她善用頭腦跟資金，讓很多的台積電工程師幫她賺錢。更幸運的是，隨著台積電越來越長進，我的窮媽媽終於翻身成為富媽媽。

宏達電為何不能長抱?圖表 1-1 可以看出,從 2011 年之後公司獲利持續衰退,甚至是虧損連連,這時候就要壯士斷腕,絕對不能鴕鳥心態。反觀台積電的獲利是扶搖直上,屢創新高,抱牢持股是基本常識,不要扯什麼倖存者偏差,那只是沒有買的人在找藉口。請你記住,運氣好只是一時,長期研究才是投資的根基。

圖表 1-1 宏達電、台積電稅後淨利比較　單位:億元

年度	宏達電(2498)	台積電(2330)	年度	宏達電(2498)	台積電(2330)
2011	620	1,342	2018	121	3,511
2012	168	1,663	2019	−94	3,453
2013	−13	1,881	2020	−60	5,179
2014	15	2,639	2021	−31	5,965
2015	−155	3,066	2022	−34	10,165
2016	−106	3,342	2023	−34	8,385
2017	−169	3,431	2024	−34	11,733

說明:小數點以下四捨五入

投資股票的開始 跟老媽借 10 萬元

在我年輕的時候,升學壓力很大,多數學生只曉得讀書考試跟升學,那個時代普遍的觀念,都是男生讀理工,女生讀文法商,所以大學我選擇就讀機械系,財經基本上跟我絕緣。但也剛好是

在我讀大學的這4年（1985～1989），台灣股市開始狂飆，1986年加權股價指數站上了1,000點，然後在1989年直接攻上了萬點，炒股成為全民運動。

大學時老媽每個月給我4,000元的生活費，還是書籍、水電、伙食、娛樂全包喔，有時候窮到只能去吃20元的自助餐，瘦到肚皮自然出現六塊肌。

當時為了想多賺一點零用錢，在我大四的時候，跟老媽借了10萬元投入股市，我跟2個室友組成股友社，那個年代沒有網路，也不知怎麼找資料分析，3個人用投票方式決定買進當時最紅的紡織三雄：中紡、新纖、華隆，由於當時炒作的風氣很盛，經常一買進就漲停板，賺到錢就跟著同學到處吃吃喝喝，肚子的六塊肌也逐漸消失。

出來混的總是要還，股市當然沒有天天過年，1989年7月我入伍服役，因為沒有手機跟網路，加上軍艦的管理非常嚴格，也就沒有機會接觸到股票資訊，更不要說在白天打電話交易股票了。1990年發生股災，大盤從12,682點崩到2,485點，等到我1991年6月退伍時，10萬元的股票只剩下2萬元左右，直接縮水80%，我深深地體會到「股市會吃人」。因為產業轉型的緣故，曾風光一時的中紡跟華隆早已下市，但我也從中學到了寶貴的經驗。

富媽媽 窮媽媽

公司不會倒 不代表可以拿來存股

長期投資並不是要跟股票談戀愛,請記住:Show me the money(把錢拿出來給我看)。2024 年最驚奇的應該是台塑集團,四寶的台塑(1301)、南亞(1303)、台化(1326)、台塑化(6505),3 年內跌幅高達 7 成(圖表 1-2),主要原因是中國石化新產能開出,造成全球石化產業產能過剩,並出現低價傾銷的現象,導致台塑集團的獲利急遽翻轉下挫。

此外,為了因應氣候變遷達到淨零排放的目標,國內外課徵碳費(稅),也增加了台塑四寶的成本。

圖表 1-2 台塑四寶股價大跌約 70%　　單位:元

股票代號	股票名稱	2021 年股價高點	2024 年股價低點	漲跌幅
1301	台塑	121	35.1	-70.99%
1303	南亞	93.1	29.55	-68.25%
1326	台化	95.5	27.2	-71.51%
6505	台塑化	117.5	34.1	-70.97%

2012 年我看過一篇報導,某位退休的公務員,花了 34 年時間全心全意存了 400 多張台化,光是現金股利就足以讓他過「總統級」的退休生活。可是在 2025 年,台化每股僅配發 0.5 元現金股利,又將他打回「工友級」的退休生活。

儘管台塑集團不大可能倒閉，但是投資人要的是賺錢，股價下滑股利又縮水，只會降低你運用資金的效率。2021 年以後台塑集團股價開始跳水，反觀 AI 產業開始局勢大好，如果投資人可以早日發覺產業變遷的訊號，換股投資便可以開啟另一個春天。請記住，每個人都會買錯股票，但是你不能以不變應萬變。

投資要賺錢 尋找有護城河的企業

股神巴菲特形容投資就是在滾雪球，雖然雪球會越滾越大，但是萬一融化了怎麼辦？所以巴菲特把「護城河」的觀念引用到投資上，他喜歡護城河很寬、很深，裡面最好再養一群鱷魚，就可以保護他的投資。

競爭力就是企業的「護城河」，不僅可以阻止競爭對手進入，更能夠幫助你安度股災。巴菲特在 1993 年致股東的公開信中提到：「可口可樂和吉列刮鬍刀，它們的品牌力量、產品屬性以及銷售通路，近年來都在全球市場持續增加市占率，這些優勢就像在經濟城堡外圍建立了一圈護城河，使得他們比別的對手擁有更強的競爭力。」那麼，企業的護城河有哪些呢？

▎類型 1：無形資產

無形資產包括了品牌、專利、特許經營權等。LVMH 是世界上最大的跨國奢侈品公司，該集團創辦人阿爾諾（Delphine

Arnault）2024年位列全球第5大富豪，商標就是這家公司最大的無形資產。

▎類型2：特許行業

台灣目前的14家金控算是特許的寡占行業，台新金跟新光金合併後，又會少一家金控公司，其他企業就算再有錢也無法成立金控公司，現有的金控公司就具有護城河的保護。

▎類型3：轉換成本

蘋果手機的用戶有高度的黏著性，因為「重新學習」的轉換成本很高，蘋果用戶很難轉換到安卓系統。還有就是我習慣用信用卡，綁定水費、電費、瓦斯費、保險費、網路與電話費等費用，一旦更換信用卡會造成麻煩，所以通常就會懶得轉換。

▎類型4：成本優勢

當公司生產的成本越低，護城河就越寬。全球最大的零售商沃爾瑪（Walmart）專注於節約開支，例如透過大量採購握有殺價的籌碼，以及隨著分店數量增加而建立的物流配送系統，也能降低營運成本。

▎類型5：通路優勢

博客來網路書店結合7-ELEVEN的通路優勢，省掉傳統書店的租金、水電、員工薪水等成本，並且透過網路可以24小時營業，讓它打敗眾多的實體連鎖書店。

類型 6：規模優勢

遍布台灣的 7-ELEVEN 已經壓縮競爭對手的展店空間，結合堅強的物流、情報、後勤等支援體系，形成 7-ELEVEN 難以撼動的規模優勢。

類型 7：技術優勢

台積電技術領先三星、英特爾 4 ～ 6 年，未來 10 年內半導體產業恐怕還是屬於台積電「一個人的武林」，沒人能撼動台積電的霸主地位。

股市越來越熱 證券龍頭未來占優勢

企業就是將本求利，「有成長性，越賺越多」的股票才適合長期投資。元大金（2885）是我的長期持股，它是台灣證券業的龍頭，護城河很深。但是政府在 2013 ～ 2015 年實施證所稅，導致股市成交量驟降，以證券業務為主的元大金就受到影響，那幾年股價都在 10 幾元徘徊。證所稅是大環境利空，並非元大金本身經營不善，對我來說就是「好公司碰到倒楣事」，開始低頭撿珍珠。

後來元大併購了大眾銀行，從此擁有了證券跟銀行兩大獲利引擎，公司的獲利結構更加完整。例如 2022 年因為美國大幅升息 17 碼（1 碼為 0.25%），股市重挫導致元大金的證券獲利減少，

但是升息卻有利於元大銀行的利差收入，銀行端獲利增加便彌補了證券端的失速，這就是雙獲利引擎的好處。從圖表 1-3 可以看出元大金每股盈餘（EPS）維持穩定成長的趨勢，表示公司往好的方向發展。

圖表 1-3 元大金（2885）近年獲利表現

年度	2016	2017	2018	2019	2020	2021	2022	2023	2024
EPS（元）	1.16	1.37	1.59	1.75	1.99	2.87	1.72	2.09	2.77
年均本益比	9.6	9.6	9.1	10.3	9.1	8.4	13.1	11.5	11.3

■ 檢視 1：本益比偏低

元大金的本益比大多在 10 倍附近，跟官股金控兆豐金（2886）的 17 倍做比較，相對偏低了不少，這是我喜歡的「物美價廉」股票。

■ 檢視 2：配息小氣

2019 年之前配息小於 1 元，有點小氣而無法吸引投資人的注意，因而股價不振只能在 10 幾元徘徊，主要原因是過去以證券為主要業務，獲利隨著景氣循環而不穩定，所以無法大方配息。再來就是公司不斷地擴張據點，並在 2016 年併購大眾銀行，這些擴張都需要錢，所以在配息上更要斤斤計較。

圖表 1-4　元大金（2885）近年股利政策

股利發放年度	股利（元）現金	股利（元）股票	股利（元）合計	盈餘分配率
2016	0.361	0	0.361	35.4%
2017	0.448	0	0.448	38.6%
2018	0.556	0	0.556	40.6%
2019	0.9	0	0.9	56.6%
2020	0.65	0.4	1.05	60%
2021	1.2	0	1.2	60.3%
2022	1.5	0.3	1.8	62.7%
2023	0.8	0.15	0.95	55.2%
2024	1.1	0.2	1.3	62.2%
2025	1.55	0.3	1.85	66.8%

檢視3：盈餘分配率

2016年併購大眾銀行之後，盈餘分配率僅3～4成，可以看出公司需要營運的現金，只能縮減配息的金額。但是在2020年起配息開始增加，盈餘分配率更是提高到6成以上，可見過去的投資布局逐漸開花結果，不需要再投入大量資金，因此可以提高盈餘分配率加發股利，這就是很明顯的「先蹲後跳」。

檢視4：從營運數字推敲

公司並不會鉅細靡遺地交代未來的布局，這時候可以從EPS、股利、盈餘分配率這些數字去推敲。而當公司現金股利減

少或是加發股票股利時,就暗示公司需要資金擴充業務,此時的盈餘分配率也會偏低,但是投資人要如何監督呢?如果 EPS 穩定成長,表示公司投入的資金有賺進更多的錢,公司是往好的方向發展,就可以繼續存。

投資股票的重點就是抓緊時機、觀察獲利、長期持有。我趁著證所稅壓低元大金股價時開始布局,儘管一開始股價跟股利都不怎麼滿意,但是看到 EPS 持續上升,也就堅定我存股的信心。2020 年後元大金持續加發股利,引導股價向上反應,2025 年初達到 37.45 元的新高,過去的堅持終於「股利＋價差」兩頭賺。元大金是國內證券龍頭,ETF 規模更是首屈一指,由於我持有的

圖表 1-5 元大金（2885）股價走勢

股價自 2016 年後一路成長向上

資料來源:CMoney 法人投資決策系統,2013/1 ～ 2025/6

成本很低,我打算將元大當成我的領息金雞母。

從上文來看,不管是老媽長抱台積電,還是我持有元大金,道理都是一樣的,只要你學會判斷一家公司的好壞,就立於不敗之地。

投資不是問明牌 要建立自己的能力圈

經營粉絲團多年,我經常收到粉絲的訊息:「老師,我買了XXX股票,已經賠了多少%,應該要停損嗎?」我都會問他們為何買這支股票,最常聽到的回答是:「我是聽朋友推薦」、「網路討論說後勢看好」之類的答案,我不禁納悶,你拿這麼多錢去買股票,靠的只是馬路消息,然後連公司在做什麼都不清楚!如果你不賠錢,那麼誰會賠錢呢?

巴菲特強調要在「能力圈」以內投資股票,也就是「你只能投資自己了解的公司,如果你沒辦法理解,那就不要去投資。」**能力圈的重點並不是你懂多少,而是你「不懂什麼」**。「斷、捨、離」是能力圈的要點,不懂的千萬不要碰。

2020年爆發新冠疫情,因為沾上疫苗的題材,高端疫苗(6547)一路從30元大漲到350元,我自知不懂生技股,而且該公司過去也沒有獲利,因此就算股價飆漲我也只是在一旁看熱鬧。疫情緩和後,高端疫苗的股價一路跌回30幾元,幸好我秉

持「不懂的股票不要碰」，避開不必要的虧損。

▍知道自己能力範圍

有一位「少年股神」，短短 3 年內賺到上億元，但卻因為輕忽槓桿投資的風險，2025 年 4 月川普拋出關稅議題，讓他 9 位數資產一夕歸零。了解自己「不知道什麼」，遠離危險往往比賺錢更重要。

▍持續擴大能力圈

知識才是投資的最大力量，保持好奇心會讓你樂於學習，多讀書可以從別人的經驗中獲益，誠實記錄你成功與失敗的經驗，將來你就會少走許多冤枉路。

▍面對自己的失敗

當投資股票賺錢了，會覺得是自己眼光神準，到處敲鑼打鼓；可是一旦失敗了，往往會安慰自己是運氣差，或是大環境不好⋯⋯其實這些都只是在欺騙自己。投資股票不可能只賺不賠，要了解失敗的原因並記取教訓，為下一次的成功做好準備。

以前我教書時，很討厭學生不動大腦，開口閉口就是「我不會」。所以，能力圈不能當作故步自封的藉口，應該是先「在能力圈內投資」，然後「在能力圈外學習」，不斷地擴大你的能力圈。我年輕的時候主要是操作電子股，2008 年後開始研究金融股，如今已經存了幾千張金融股；以前我覺得槓桿型 ETF

風險高,深入研究後發現它其實是抄底的好工具。不斷學習不僅擴展我的視野,也開拓我的「錢途」。

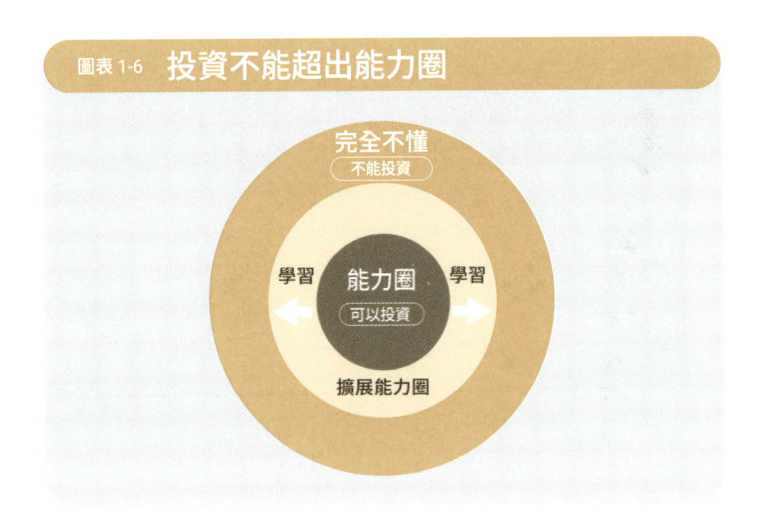

圖表 1-6　投資不能超出能力圈

完全不懂
不能投資

學習 ← 能力圈 可以投資 → 學習

擴展能力圈

找出股價安全邊際 避免買太貴

我有一個壞習慣,看電影一定要配零食跟飲料,如果電影票要 300 元,零食飲料 100 元,我會只帶 400 元出門嗎?還是帶 500 元比較保險呢?這樣 500 元跟 400 元之間,就有了 100 元的「安全邊際」,一旦看到更好吃(更貴)的零食,就不會只能在一旁流口水。同樣地,投資股票時也要設定安全邊際:

● **內在價值**:預估一支股票的價值是 100 元,100 元以下就相對便宜。

- **永遠有意外**：自己有可能估計錯誤，股市也可能發生意外。如果在 100 元急著買進，沒想到發生股災讓股價跌到 70 元，你會損失 30 元。
- **安全邊際**：心目中的股票價值先打個 8 折，耐心等到 80 元時才出手，這時候就有了 20 元的安全邊際（20%）。在 80 元買進後，就算股價跌到 70 元，也只損失 10 元。
- **要合理**：安全邊際設定得越高，你當然就會越安全，但是也可能買不到股票了。好比一間房子的售價是 2,000 萬元，你一開口就殺價到 1,000 萬元，安全邊際是夠大了，但是賣家會直接關門送客。

　　巴菲特曾說：「安全邊際是投資成功的基石」，只有當「股票內在價值大於股票市場價格」，有足夠安全邊際時才值得出手。「內在價值」是評估股價的關鍵，意思是在該企業倒閉之前，股東所能獲取的現金流。只是企業何時倒閉很難預估，自己也可能活不了那麼久，所以可以用自己能夠承受的年限來預估。

　　以下拿電信三雄來舉例，電信業是特許行業，又是生活的必需品，大家就算餓肚子也要上網，所以有很深的護城河。投資電信三雄主要是領股利，但是為了避免單一年度的影響，所以取用最近 5 年的平均值，從圖表 1-7 可以看出配息很穩定，

這是民生必需股的特點。

有了平均的配息數字後，只要再乘上「年限」，就可以得到內在價值了。那麼該用多少年呢？目前雙北市房租報酬率（每年租金收入占房屋總價的百分比）應該不到 2%，表示房地產投資人願意給予 50 年的年限賺回本金。由於電信三雄獲利穩定，加上不會倒閉的優點，從圖表 1-8 可以看出，市場給予電信三雄的股價，是預估 25 年的企業壽命。

圖表 1-7　電信三雄近年配息紀錄　單位：元

年度	2021	2022	2023	2024	2025	平均
中華電（2412）	4.3	4.6	4.7	4.75	5	4.67
台灣大（3045）	4.3	4.3	4.3	4.3	4.5	4.34
遠傳（4904）	3.25	3.25	3.25	3.25	3.56	3.31

圖表 1-8　電信三雄的內在價值　單位：元

公司	近 5 年平均配息（2021～2025）	20 年回報	25 年回報	30 年回報
中華電（2412）	4.67	93.4	116.8	140.1
台灣大（3045）	4.34	86.8	108.5	130.2
遠傳（4904）	3.31	66.2	82.8	99.3
備註		過低	合理	過高

安全邊際並不是一個固定的數字，必須要隨著股市氣氛來調整，當天下太平的時候可以設得小一點，例如 10% 以下；當國際發生巨大動盪時，像是 2008 年金融海嘯、2020 年肺炎疫情、2025 年關稅風暴時，一定要多設一點才會安全。2024 年鴻海（2317）受惠 AI 伺服器成長的利多，股價突破 200 元大關，但是 2025 年 4 月受到關稅衝擊，最低價跌到 112.5 元，可見一旦碰到股災，必須要把安全邊際設高一點。

巴菲特堅持要有足夠的安全邊際，當股票價格大幅折讓時，就要大膽地買進，他在 1973 年購入華盛頓郵報的股票，成為安全邊際的一個最經典案例。

1973 年，大部分的分析師、股票經紀人，估算華盛頓郵報整間企業的價值在 4 億～ 5 億美元之間，但是當時市場上的市值卻僅有 1 億美元，巴菲特大概用了內在價值的四分之一價錢，在市場上購買了華盛頓郵報的股票。後來，華盛頓郵報為巴菲特帶來了超過 100 倍的投資收益。

傳家私房筆記

挑對股票 不輸就是贏

最後來總結一下這一章的內容，投資股票千萬不要道聽塗說，不然只是把你的辛苦錢送給別人隨便花，市場上的股票這麼多，要先經過一層層的過濾，才能夠挑選出適合自己的好股票。

▌ **選股濾網 1：能力圈**

只投資自己懂的股票，不要浪費錢跟時間在你不懂的股票上面，一次不懂的大膽投資，就有可能讓你的資產歸零。投資不要只想到贏，更要不能輸。

▌ **選股濾網 2：護城河**

挑選獲利跟配息穩定、適合長期投資的績優龍頭股，排除獲利不穩、賠錢，或是只有本夢比（只有夢想，沒有實際獲利）的股票。

▌ **選股濾網 3：安全邊際**

就算是好公司，買在太貴時一樣會受傷。2025 年巴菲特保留 3,000 億美元的現金，靜待股市大拍賣時才出手。打擊高

手只會在有把握時才出手,如果每一球都揮棒,很快就會三振出局。

圖表 1-9　選股的基本防護網

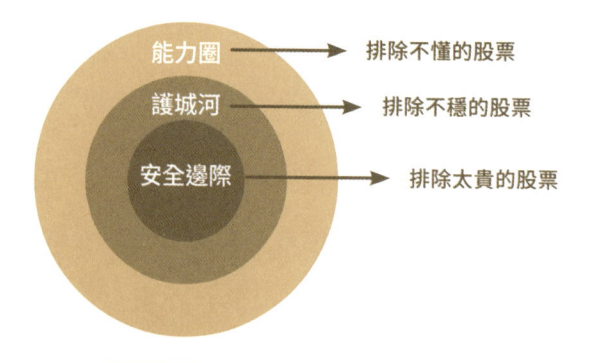

- 能力圈 → 排除不懂的股票
- 護城河 → 排除不穩的股票
- 安全邊際 → 排除太貴的股票

第 2 章
找到翻轉人生的可能

我一直很努力工作，但直到開始投資，才真正看到人生可以被改變的可能。從一張股票獲利、一筆配息入帳開始，我體會到：不是多努力才會有錢，而是觀念對了，錢才會開始為你努力。

學會投資
人生才有備用跑道

我小時候住在三合院,而且是三代同堂,家裡的空間雜亂且狹小,所以我國小時放學後,就直接跑到北投圖書館讀書,那個時後班上的同學都在良性競爭,比賽誰考的 100 分最多,所以我非常努力,成績也都能保持在前 3 名。

小六畢業的那個暑假,本來打算開心玩個爽,沒想到媽媽要我好好讀書,因為升上國一前會先考一個分班測驗。那個時代 1 年有 40 萬名新生兒,但是公立高中卻不多,所以國中會依能力將新生分成升學班跟放牛班。我因為小學的根基穩固,被編入全校第一的升學班,每個老師都是高手中的高手!

但這並不是件多開心的事,因為老師們都逼得很緊,不論大小考試都是「90 分及格,差 1 分就打 1 下」,老師們都有自己

特製的教鞭，打起來都非常痛！有時候從早自習到第 8 堂課，1 天會有 9 次的大小考試，想不挨打就真的要靠實力。記得當時放學回家，我只有半小時的時間吃飯跟看卡通《無敵鐵金剛》，然後就要讀書到凌晨 1、2 點了，週末時更是一大早到北投圖書館報到，讀到關門才敢回家。

被緊迫盯人的青春 教會我 2 件事

在我讀國中時期，老媽也發揮糾察隊的精神，很認真地盯我讀書，絕對不容許我有一絲一毫的鬆懈。

常常母子間要諜對諜一番，港劇《楚留香》在 1982 年播映，轟動程度堪稱萬人空巷，當時甚至連犯罪率都降低了，我當然想看啊！可是被老媽盯著怎麼辦？我就說書桌太小想到客廳看書，然後把電視遙控器藏在身邊，趁著老媽不在時偷開電視，只要一聽到老媽的腳步聲，又要趕快關掉電視機。後來我的小把戲被老媽識破，她直接拔掉電視的電源線。

不過我沒有那麼容易被擊敗，我假裝讀累了要到陽台休息，拿著雙筒望遠鏡看向對面鄰居的客廳，因為當時家家戶戶都在看楚留香！有時候我讀到頭暈腦脹，想先睡一會兒再繼續奮鬥，老媽就跟鬧鐘一樣，不管凌晨 2 點還是 4 點，都會準時叫我起床讀書──半夜起來讀書，也是我國中生活的深刻回憶。在師長跟

富媽媽 窮媽媽

老媽緊迫盯人下，我從殘酷的高中聯考中勝出。

後來我考上師大附中，自由的校風讓我開始鬆懈，游泳隊跟天文社的活動更讓我樂不思蜀，最後只考上逢甲大學機械系。那個時代全台灣僅10幾所大學，每年10萬考生只有3萬人能夠擠進大學窄門，所以大學生都很值錢。我進大學後一樣在天文社跟游泳隊鬼混，差點無法順利畢業。但也因為如此，游泳跟天文成為我一生的興趣，我在游泳跟天文上面，體會到2件事情：

▎靠股利來游泳

學生時代我都是游泳校隊，後來教書時學校也有游泳池，我游泳從來沒買過門票。2019年從學校離職後，我想要藉由冬泳來鍛鍊身體，離我家最近的就是台北圓山大飯店的標準泳池，是冷水而且最深5公尺可以練潛水。但是要先繳幾十萬的入會費，然後每個月還要1萬多元的會費。

我沒有思考太久就刷卡，我需要運動來維持健康，就算存摺後面有很多的零，前面還是需要健康這個「1」。2025年中信金每股配發2.3元，只要55張的股利就夠我在圓山游泳1整年，幸好我過去存了幾百張，我可以在圓山游泳一輩子，中信金買單。

▎不要急著買望遠鏡

小時候我看《太空突擊隊》這部卡通，從此迷上了看星星，

我知道家裡沒錢給我買望遠鏡，小學六年級時我在書店買了一本《光學儀器叢書》，學習望遠鏡的光學原理，國中時我用壓克力練習磨鏡片，高中時磨出了一面直徑10公分的反射鏡，參加科展還得了創意獎。

等到我開始上班賺錢後，雖然有能力購買天文望遠鏡，但是我故意把難度增加。想要把望遠鏡帶上山就需要有車，有車就要有車位，有車位就要先有房。所以我就先工作25年存股票，2019年離開職場時我房子、車子、望遠鏡都有了！

唯一的遺憾是我也老了，搬不動太大的天文望遠鏡，如果我可以提早10年財務自由，那該有多好？所以投資理財真的是要越早越好。

從「穩定」幻象中驚醒 靠投資改變人生

我在1994年研究所畢業時，正值台灣電子業起飛，當時很流行「科技新貴」這個名詞，員工可以領到上百萬、甚至千萬的配股。但是我沒有到科學園區工作，因為我結婚了，老婆一家很重視生活穩定，不想讓我單獨到新竹工作。我的岳父母是公務員，他們有2個小孩是公務員，然後2個女兒也都嫁公務員，因為公務員的收入穩定，退休金也還不錯，然後那個時代的房價、物價都還不貴。

富媽媽 窮媽媽

只可惜等到我擔任公立學校教師後，房價持續上漲，退休金也被砍了，公務員不再那麼吃香了。**「不可以用過去假設未來」是我從公務員生涯學到的寶貴教訓**，我也運用在投資股票上面，公司過去的獲利都僅供參考，重點是未來的成長性。

年輕時我嚮往「錢多事少離家近」的工作，所以畢業後就到台泥關係企業任職，在這家公司，我學到 2 件讓我記住一輩子教訓，並改變我的人生軌跡。

▎讀書是為了什麼？

剛進入公司時我非常不適應，每天有畫不完的工程圖，搞到頭暈腦脹又沒辦法趴著休息時，只能跑到廁所坐在馬桶上瞇個 10 分鐘。讓我不禁回想起研究所的生活，讀書累了可以趴著睡覺、到游泳池清涼一下、去合作社買飲料……是多麼自由自在，宛若天堂！

指導我的老鳥師傅看我這副鳥樣子，問了我一個問題：「你讀書是為了什麼？」我當場呆住，從小到大我只知道努力讀書，大學畢業考研究所，研究所畢業就工作，從沒想過讀書是為了什麼？老鳥師傅看我呆住講不出話來，跟我說：「你讀那麼多書，還不是為了工作賺錢養家！」

▎上班就是在坐牢

我覺得師傅講的也有道理，哪個人沒有在工作呢？老鳥師傅

在業界 10 幾年，算是有能力跟有經驗的，可是他說因為自己不會巴結長官，所以升官發財都沒他的份，還要天天加班來賺錢養家。講到激動處，他抽著嘴巴罵自己沒用，這個突然的舉動又把我驚呆了。

最後他跟我說：「上班就是在坐牢。」當時我內心真的是 100% 同意，於是我問師傅多少年可以「出獄」？師傅跟我說 25 年就可以辦退休！從此我乖乖工作 25 年，把 3 個小孩養大成人之後，2019 年我毅然遞出辭呈，砸掉公立高職教師的鐵飯碗，因為我終於 25 年刑滿出獄，我要拿回自己的人生。

記得是 1995 年初，有一天早上我請假到證券行辦事，暫時脫離綁在辦公室畫圖的痛苦，我漫步走在馬路上，溫暖的陽光灑在肩膀上時，有一種久別重逢的感觸，我已經多久沒有這樣自由自在呢？我遞出辭呈，轉換跑道到私立高職教書，工作上雖然多了一點自由，但是薪水也少了很多，妥妥的「錢少事多離家遠」，校長經常在開會時強調「我桌子上的求職函一堆」，擺明就是要剝削我們，連假日都要到學校值班。

1995 年夏天大女兒出生，我顯然付不出保母費用，我又很討厭那所私立學校，於是再次遞出了辭呈，轉職到基隆海事教夜間部，白天時間我可以帶小孩，下午把女兒交給老媽後，我就到基隆上班！儘管省下了托嬰的費用，但是流浪教師的收入也不

高,白天我要帶小孩又不能兼職,只能努力研究股票靠投資創造第2份收入。幸好有了這5年的努力,我得以一窺投資理財的大道,並獲得改變一生的力量。

當了5年流浪教師後,我深深體會到「生於憂患、死於安樂」這句話。教書時1週只要上十幾堂課,還有寒暑假可以放,日子算是挺悠哉的,不知不覺中就過去了5年,我從29歲熬到34歲!我終於清醒不能再消耗下去,萬一無法考上正式教師,年紀太大很難重新就業,小孩要怎麼辦?

2000年6月,面對現實後我辭掉流浪教師,開始到處找工作,可是科學園區已經不要我,因為我的肝「不新鮮了」。後來我應徵上2個工作,投信的研究員跟台北捷運公司工程員,我內心是想去投信上班,也知道工作會很累,不過學到的金融知識,將來可以傳承給子孫。但是老媽已經跑去美國住移民監,老婆肚子裡又有第2個小孩,我只能放棄「早出晚歸」的投信工作,到安穩的捷運公司上班,儘管內心很是無奈,但是我沒得選。

入職捷運公司的第2天,參加新進員工訓練時,我看到副總級的主管薪資是9.2萬元,而我的薪水是4.7萬元,我心想就算我苦幹實幹20年,也不一定能升上副總,但只要「不求有功,但求無過」,20年後我薪水也會達到7萬多吧!瞬時覺得這個

工作沒有挑戰性，在當過 5 年流浪教師後，我再也不想浪費生命了，所以又遞出了辭呈。

玩物喪志 代價是延後財務自由

我的辭呈被捷運公司的長官退了回來，要我再想想，畢竟我才剛入職 3 天。後來我被安排去上了 1 個月的課，我每天去吃便當、看漫畫，然後領薪水，課程結束後我又遞出了辭呈。待退狀態的我無事可做，每天上網打發時間，看到了一個「男人的刀」網頁，原來是賞玩刀具的討論區，因為我是讀機械的，對鋼材跟刀子結構產生興趣，開始沉迷其中。

我看到刀友們很膜拜一把名為「Sebenza」的折刀，總長不過 20 公分，在美國的售價約 400 美元，但是當時網購並不發達，廠商引進台灣的售價超過台幣 2 萬元，有點高不可攀，可是在討論區眾刀友的洗腦下，有刀友為了買刀甘願吃半年泡麵存錢。我看它的結構很簡單，就是兩片鈦合金柄材，再加上一片刀刃，完全就是智商稅，一直勸刀友們不要敗家，因為一直掃人興致，漸漸地被戲稱為「不敗教主」，於是「不敗教主」就成為我的筆名。

我當上財經作家後，經常被邀請上財經節目，有一回主持人介紹我是「不敗教主」，旁邊的來賓紛紛轉頭望向我，當場眾人的表情說明他們內心在想：「誰敢說投資不敗？」其實我

富媽媽 窮媽媽

這個不敗教主,不是東方不敗,更不是西方失敗,就只是「不敗家」。

我玩了20年刀子,前後花費數十萬元,最後送給自己「玩物喪志」這4個大字,然後把收藏的刀子都義賣掉作慈善。我真的後悔,如果把耗費的金錢跟時間拿來投資股票,我會更早財務自由。

我也看過有些人喜歡玩機械錶跟名車,好像一身名牌可以提升自己的氣質跟地位?其實,你才是自己最好的名牌,如果你月薪只有3萬元,配得上30萬元的手錶跟300萬元的汽車嗎?收入不高卻又喜歡跟敗家的人在一起,只會讓你越來越窮。

離開捷運公司後,因為我有教書的經驗,出版社聘請我去編寫高職教科書,雖然薪水跟福利都比捷運公司少,但是我可以在公司一邊寫書一邊讀書,1年後我終於考上三重商工,捧到了一個公務員的鐵飯碗,然後我又擔任投資理財社的指導老師,一邊教學一邊精進我的投資技巧,讓我更快速地累積資產。事後回想,離開安穩的捷運公司,真的是「有捨才有得」,這個觀念也影響到我往後的投資,凡是沒賺錢的股票一律先砍再說。

我以前是游泳校隊,雖然也一直在游泳鍛鍊,但我還是會嗆到水喔。投資股票也是一樣,不可能每一支股票都賺錢,如果股票的前景變差,一直抱著只會卡死手頭的資金,要記住你

不是跟股票談戀愛，有捨才會有得，我來講一個案例好了。

投資的智慧 有捨才有得

2020 年延燒的新冠疫情，導致百業蕭條，美國聯準會大幅降息救經濟，然而過多的資金卻引發高通膨，2022 年美國開始升息，到 2023 年總共升息 21 碼（5.25%）。然而高利率會對經濟不利，所以市場上普遍預期一旦通膨降溫，聯準會就會降息，債券的價格也會因此上漲，於是美債 ETF 變得炙手可熱。

先來講一下債券價格跟利率的關係，小銘想要跟小華借 100 萬元，當時銀行定存利率是 2%，所以小銘也只想付出 2% 的利息，但是小華怕萬一小銘消失不還錢，所以堅持提高利息到 3% 來降低風險。於是小銘寫了一張借據（債券）給小華，上面註明 20 年後歸還 100 萬元（票面金額），且這 20 年間小華每年可以拿到 3% 利息（票面利率）。

於是小銘拿到了 100 萬元，每年給小華 3 萬元的利息，20 年後要歸還 100 萬元。可是 2 年後小華急著要錢繳房貸，當時銀行的利率已經上漲到 3.5%，小華想要將 100 萬元的借據（債券）轉讓（賣）給阿強，請問阿強會同意嗎？

▌升息➡債券價格下跌

阿強說銀行有 3.5% 利率，而且定存還比較有保障，不怕到

期後小銘不還錢,除非債券的利率可以提高到 4% 才划算。因為急用錢,小華只好降價到 75 萬元賣給阿強,阿強每年可以跟小銘拿到 3 萬元利息,殖利率就是 3÷75 = 4%。所以,一旦利率上升,債券的價格就會下滑,小華賠了 25 萬元。

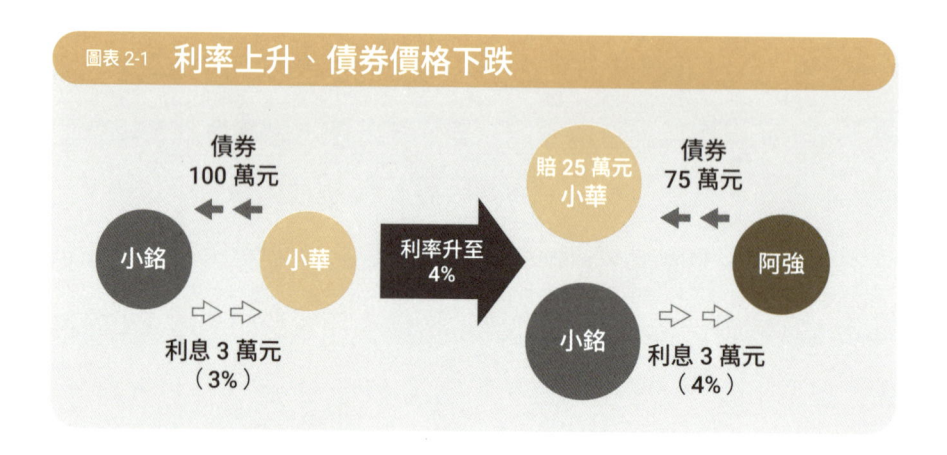

圖表 2-1　利率上升、債券價格下跌

債券 100 萬元　小銘　小華　利息 3 萬元（3%）

利率升至 4%

賠 25 萬元 小華　債券 75 萬元　阿強　小銘　利息 3 萬元（4%）

▌降息➡債券價格上漲

1 年後有一天,阿強聽到小芳說有一筆 100 萬元的閒錢,想要拿到銀行定存,可是當時定存利率只有 2.5%,小芳覺得有點少。阿強想到了手中的債券,說願意用 100 萬元賣給小芳,小芳每年可以跟小銘拿到 3 萬元利息。小芳算了一下,覺得 3 萬除以 100 萬,利率有 3%,比定存還高,就同意了。從這裡可以看出,利率下降會讓債券價格上漲,因為阿強 75 萬元的債券賣了 100 萬元,賺到 25 萬元。

圖表 2-1 利率上升、債券價格下跌

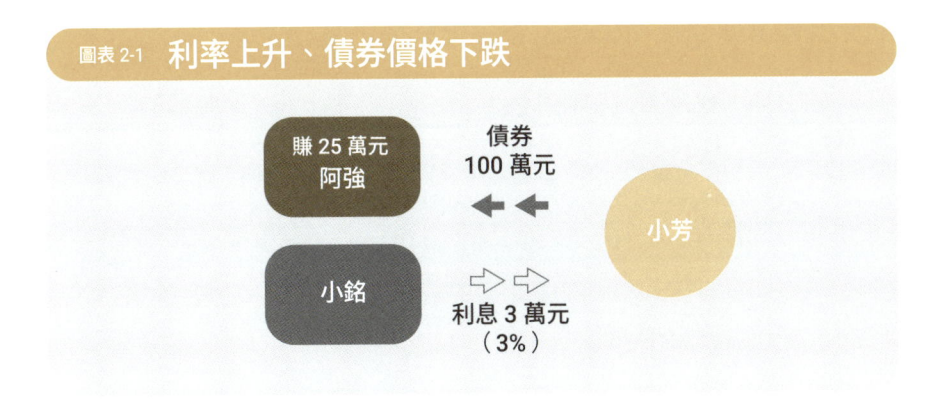

賺 25 萬元 阿強

債券 100 萬元 ← ←

小芳

小銘 利息 3 萬元（3%） → →

買債券最大的風險就是小銘落跑（倒債），所以最好不要輕易借錢給朋友，不然跟他要錢還會翻臉。2023 年美國大幅升息導致債券價格下跌、殖利率上升，我陸續買了超過千萬元的美債 ETF，一方面放著領息，再來是期待降息後可以賺價差。

本來一切都很順利，可是川普在 2025 年 4 月 3 日突然拋出對等關稅議題，台灣股市又因為清明連假休市，連假後 4 月 7 日開盤股市隨即重挫，大跌 2,065.87 點創下歷史紀錄，到 4 月 9 日短短 3 天跌掉 3,906 點，跌幅高達 18.3%。

國安基金宣布在 4 月 8 日啟動第 9 次護盤，我看到股市很可能迎來轉機，於是賣掉手中的債券 ETF，轉換到跌幅慘烈的富邦臺灣加權正 2（00675L）、中信中國 50 正 2（00753L）跟國泰費城半導體（00830），這 3 檔都算是追蹤大盤的 ETF，股災時在低點進場會相對安全，後來我也賺錢了。

投資人請記住，長期投資是「股優於債」，長期持有債券只能領息，成長股則是會賺進股利跟價差。當時我買進債券，只是當作資金暫停的港灣，一旦碰到股災還是會出清債券，買進超跌的股票。股票賠錢很正常，不要捨不得就一直抱著，而是要伺機轉換到好股票上面去，有捨才會有得。

圖表 2-3 股災是最佳買點 後續漲幅驚人

日期	2025/4/9	2025/5/16	幅度
加權指數	17,392	21,843	25.6%
富邦臺灣加權正2（00675L）	50.35 元	79.55 元	58%
中信中國 50 正 2（00753L）	7.94 元	9.91 元	24.8%
國泰費城半導體（00830）	29.7 元	38.28 元	28.9%

在藍海中 找出最強航空母艦

我在出版社工作時，發現像我這種可以產出內容的員工很少，因此我可以領高一點的薪水，且工作相對輕鬆，也不怕被取代；相對之下，打字排版的編輯人員很多，他們的工作繁重，薪水卻不成正比，因為他們的工作容易被取代。這個觀察讓我了解到「不可被取代的專業」，才是職場上的最佳保證，對我往後的投資也帶來正面的幫助。為何我可以長抱台積電 30 多年？因為台積電製程技術與良率世界第一，就算是三星跟英特爾，都還在後面苦苦追趕。

什麼是最好的股票？要記住，買進股票就是持有公司的一部分，如果你當老闆的話，會不會希望自己的公司「獲利持續成長？」。護國神山台積電（2330）從 2011 年以來，用來衡量公

圖表 2-4　台積電（2330）獲利上漲讓股價漲不停　單位：元

年度	年均股價	EPS	年度	年均股價	EPS
2011	72.1	5.18	2018	237	13.54
2012	84.1	6.42	2019	262	13.32
2013	104	7.26	2020	379	19.97
2014	123	10.18	2021	598	23.01
2015	140	11.82	2022	516	39.2
2016	166	12.89	2023	543	32.34
2017	210	13.23	2024	870	45.24

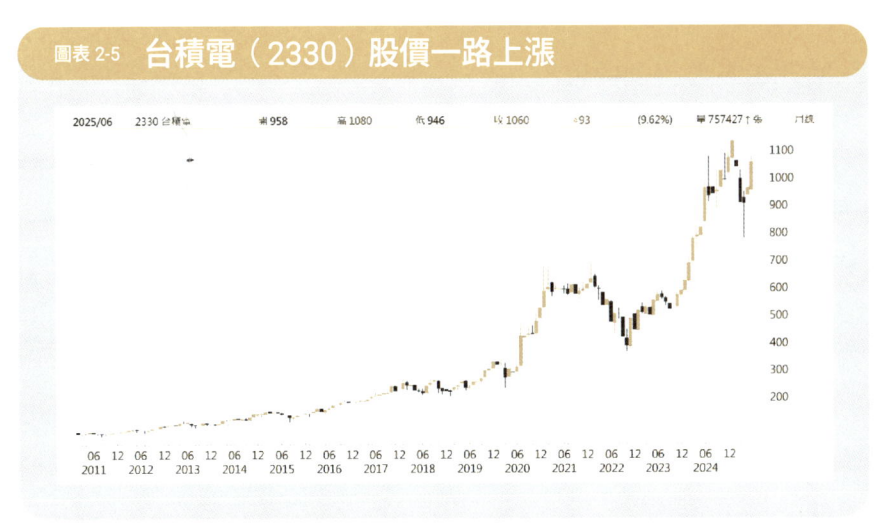

圖表 2-5　台積電（2330）股價一路上漲

資料來源：CM 法人投資決策系統，2011/1 ～ 2025/6

061

司獲利的每股盈餘（EPS）維持穩定成長，帶動股價一路上漲，儘管台積電的股利很小氣，但是賺到的資本利得卻是非常迷人。

常有人酸說：「買進個股會有風險，你是運氣好才買到台積電！」我覺得股票投資是「大道至簡」，如果一家公司年年有賺錢，獲利還有成長的趨勢，長期持有就對了，還需要擔心什麼呢？那麼，什麼樣的公司獲利可以持續成長？我來介紹一下我常用的「由上往下」選股法！

▌挑出不斷成長的產業

觀察台積電的客戶需求，從一開始的桌機電腦，逐漸進化到筆記型電腦，接著是手機跟平板，現在是電動車跟 AI，往後還會有家庭機器人跟太空產業……我相信科技會持續成長，IC 需求只增不減，這就是一個廣大無垠且不斷成長的藍海市場。

▌挑出最有競爭力的公司

在藍海之中，你只要找出最大的那一艘航空母艦。台積電的高階製程技術領先全球，蘋果、輝達、高通和超微等美國 4 大廠商，大舉包下台積電的 3 奈米產能，常常是到下一年度的訂單都排滿。

台積電的領先能否持續？我主要觀察「資金、技術」這兩大指標。想要維持技術領先，需要投入大量的資金來研發技術與購買設備，台積電每年約有 300 億美元的資本支出，除了確保技術領先之外，更形成了一個資金的障礙，全球沒有幾家公司可以

每年投入 300 億美元的資本支出！

科技產業光是砸錢還不夠，還需要有堅強的技術，深耕晶圓專製產業的台積電，累積了無可比擬的專利技術，讓它的製程技術持續領先，而且良率更是高到讓別人望塵莫及。只要台積電的「資本支出、製程技術」持續領先，我沒有什麼需要擔心的。

做好 B 計畫 幫自己創造財富分身

在我 25 年的職場生涯中，觀察到一個有趣的現象，社會就像是一個大金字塔，**位於金字塔底部的上班族很多，工作很累但是領的薪水很少；金字高層的人數很少，工作不多但薪水很高。**當我 3 個小孩陸續長大後，我不禁開始煩惱，萬一他們將來位於金字塔的底部，該怎麼辦？

我老婆覺得教育最重要，千方百計把孩子戶籍遷到明星國小學區，但是我覺得小學就是要開心地長大，又把 3 個孩子的戶籍轉回來，夫妻為此吵個不停。我從小就很會讀書，但是會讀書就一帆風順嗎？

我考上台大研究所，算是「會讀書」了吧，最後我放棄台大，還成了流浪教師。我教了 23 年的書，看過很多家長把資源都放在孩子身上，希望孩子會讀書，考上好學校，找到好的工作，然後幸福快樂地過一生，萬一事與願違怎麼辦？所以我擬定了 B

計畫，幫孩子規劃了 2 個收入引擎。

▎收入引擎 1：工作

孩子還是要好好讀書，長大後認真工作，靠自己的能力來養活自己。但不是每個小孩都能考上醫學院，也不是每人都能領高薪，萬一孩子的薪水不夠用怎麼辦？所以要打造第 2 個收入引擎。

▎收入引擎 2：股利

我趁著孩子小時候，幫他們有紀律地存股票，隨著孩子長大成人，股票資產也在時間洗禮下跟著長大，股利成為小孩的另一份收入，可以幫他們繳房貸，人生才會輕鬆。

不管是讀書還是投資，都要越早開始越好，讓我來講一個故事吧！小銘在 22 歲大學畢業後，決定要先好好存股票，他努力工作並省吃儉用存錢投資，由於台股大盤平均報酬率約 10%，假設小銘每年投資 10 萬元，買進年平均報酬率 10% 的股票，來看看持續到 30 歲時會累積多少錢？

早 8 年投資 勝過後面 35 年努力

他 23 歲投資的 10 萬元，24 歲時成長 10% 變成 10%×（1＋10%）＝ 11 萬元，然後 24 歲那年再投入 10 萬元，總資產會累積到 11 萬＋10 萬＝ 21 萬元，如此循環持續投資到 30 歲，8 年總共投入 80 萬元，最後會累積成 114.4 萬元（圖表 2-6）。

小銘在 31 歲結婚生小孩，需要買房子跟奶粉、尿布，每年無法再投資 10 萬元存股了，幸好過去 8 年累積了 114.4 萬元的股票資產，這筆錢就會變成小銘的財富分身，持續幫小銘投資！一樣假設年均報酬率 10%，當小銘 65 歲時已經累積到 3,215 萬元。提醒你一下，小銘總共只有花 8 年投入 80 萬元而已，最後卻累積到 3,215 萬元，這就是「複利的威力」（圖表 2-7）。

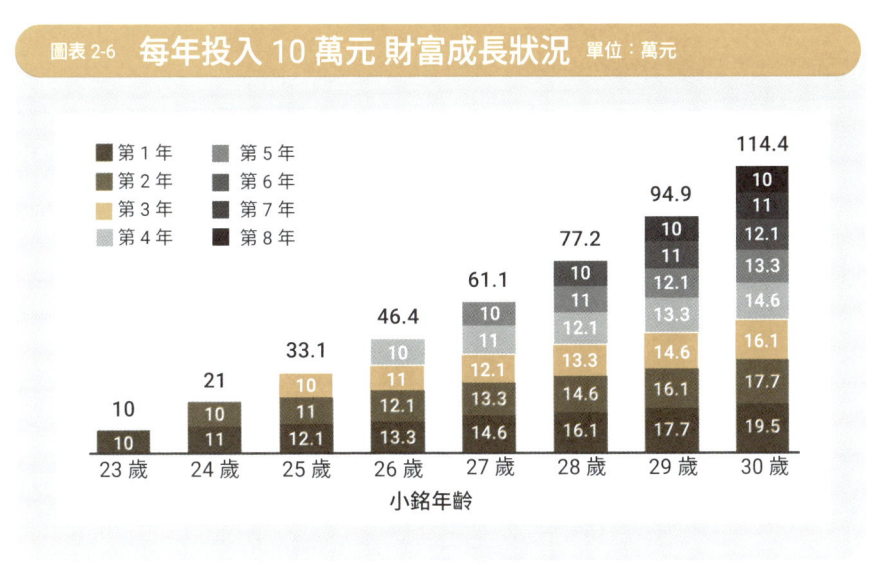

圖表 2-6　每年投入 10 萬元 財富成長狀況　單位：萬元

說明：8 年總共投入 80 萬元，以年均報酬率 10% 計算累積資產。

圖表 2-7　財富分身 讓資產持續長大　單位：萬元

小銘年齡	30 歲	35 歲	40 歲	45 歲	50 歲	55 歲	60 歲	65 歲
累積資產	114	184	297	478	770	1,239	1,996	3,215

說明：以年均報酬率 10% 計算

小銘有一個同學叫小華,他是薪水都花光的月光族,30歲那年聽到小銘已經有114.4萬元了,心存羨慕的他決定效法小銘,一樣每年拿出10萬元投資!為了打敗小銘,他決定拿出更多金錢、花更多時間,於是小華從31歲到65歲,每年投資10萬元,總共35年投入350萬元,那麼小華可以打敗小銘嗎?

結果是,到了65歲時,小華的總資產只有2,710萬元,跟小銘的3,215萬元相比,還輸了505萬元。

圖表2-8 越晚投資 財富分身效率越低　　單位:萬元

小華年齡	35歲	40歲	45歲	50歲	55歲	60歲	65歲
累積資產	61	159	318	573	983	1,645	2,710

說明:以年均報酬率10%計算

看到這裡你一定會覺得我算錯了,小銘只花8年投入80萬元,小華卻是整整35年投入350萬元,結果小華的錢卻比較少,這不是沒天理嗎?雖然我們都知道投資需要長期的堅持,但是「聰明的懶惰,勝過傻傻的勤勞。」

工作一輩子 不如分身替你賺到老

如果我要從台北到高雄,勤勞騎腳踏車比較好,還是搭高鐵會更快更舒服?當然要選擇正確的工具啊!「時間」是累積資產

的最有效工具，小銘贏在他提早了 8 年做投資，時間站在他這一邊，早起的鳥兒真的有蟲吃！

小銘在 30 歲時已經打造了一個 114.4 萬元的財富分身，31 歲以後就算小銘不再投入 10 萬元，這個分身每年都會產生 10% 的報酬，也就是 11.44 萬元來幫他投資。小華從 31 歲起每年投資 10 萬元，還是輸給小銘分身的 11.44 萬元，所以長期比賽到 65 歲後，小華越輸越多！

所以，最聰明的投資方法，就是先勤勞地用自己的薪水打造一個財富分身，然後再靠這個分身來幫你賺錢，你就可以偷懶了。如果沒有趕快創造一個財富分身，你就要辛苦賺錢一輩子，然後資產還會輸給別人。從這個故事中我們可以學到寶貴的教訓：

▌資產會跟隨市場成長

台灣的經濟長期往上走，但是你必須要參與股市，才可以享受到大盤上漲的報酬。一般人只靠死薪水，很難每年調薪 10%！請記住，薪水上限有天花板，但是投資卻可以不斷地成長。

▌有開始勝過沒投資

小華雖然晚了 8 年才開始投資，但是幸好他堅持了 35 年，最後也累積了 2,710 萬元財富，夠他安心退休了。

▌越早開始越好

小銘只是比小華提早 8 年開始投資，但是他可以用更少的資

金，得到更大的回報。投資就是要靠時間的加持，越早投資的回報就會越大。如果你的錢不多，記得要早一點開始；如果你的錢很多，一樣要早一點投資！。

曾經有大學做過一個研究，一般人的薪水扣掉生活開銷之後，每個月頂多只能存 1 萬元，辛苦一生工作 40 年大概只能存到 500 萬元。500 萬算多嗎？路上隨便經過的一輛進口車，可能就是你一輩子的積蓄，你甘心這樣過一輩子嗎？

台灣有一句俗語「人兩腳，錢四腳」，靠自己賺錢很辛苦，靠錢來賺錢才快。投資的重點在於幫自己創造「財富分身」，有了分身之後，你也可以聰明地偷懶喔！打造財富分身，請記得越早開始越好。

讓孩子補習 不如幫他布局未來

自從 2019 年離開教職後，我就自由自在地過生活，有一天晚上我到北投公園散步，沒想到 9 點多時周圍居然出現一大群學生，原來是旁邊的私立中學放學了，這是一間以管教與升學聞名的貴族學校，晚上 9 點放學也說明了學校的勤教跟嚴管。只是當時我有一點點的感慨，我們的小孩有需要這樣辛苦嗎？花了 10 幾年來讀書，每一個小孩都能考上心目中的好大學，畢業後都有高薪的好工作嗎？我教了 23 年的書，我知道答案是否定的。

回想到我年輕求學、求職,以及幫小孩存股票的 20 年過程,我在 2020 年開始編寫《打造小小巴菲特 贏在起跑點》一書,把投資的觀念結合在童話故事中,希望可以早點幫小朋友建立投資的觀念。當時我剛開完刀,就用口述的方式,讓大女兒幫我打字寫書,順便讓她在過程中學習。我有 3 個小孩,孩子小時候每晚都要講床邊故事,小女兒最愛聽《三隻小豬》,因為她覺得自己是最小最聰明的豬小妹。

《三隻小豬》的故事大家都很熟悉,豬小弟最勤勞,蓋了磚頭的房子,所以不怕大野狼的攻擊。我引申到投資理財上,跟小朋友說如果一檔股票跟茅草屋、小木屋一樣弱不禁風,一旦大野狼(股災)來了,你辛苦投入的資金也會化為烏有。接著說明「護城河」的觀念,以及「不敗九字訣」,用戰爭模擬遊戲來舉例,首先要建立穩固的城牆,再來要努力挖礦,才有錢去蓋工廠和生產部隊,最後則是要有耐心,建立強大的部隊後,便可以一次擊垮敵人。

- **高築牆**:挑選有護城河且有賺錢的龍頭企業,才可以度過股災的侵襲,穩穩地賺真的比較快。
- **廣積糧**:投資好公司領股利,再用股利買進其他好公司,股利就會跟滾雪球一樣,越來越多。

- **緩稱王**：投資股票需要時間，絕對無法速成。要記得「貪＝貧」，當心「呷緊弄破碗」。

儘管寫這本書時小女兒要出國留學了，依然記得我給她講的《三隻小豬》喔！她大學畢業後說想要出國留學，哥哥也說要跟著一起去，媽媽煩惱2個人1年要花5、600萬元，這個負擔可不輕鬆。我打開3個小孩的股票帳戶App，總資產超過6,000萬元，光是股利就夠他們出國讀書了，這是過去20年我持續幫他們存下來的。

我年輕時爸爸太早過世，無法出國深造是我心中永遠的痛，我當然不願意歷史重演，所以在孩子小時候幫他們存股票，才會有選擇未來的權力。

高股息＋市值型ETF打造長期飯票

以前孩子小時候，只要是要繳學費、營養午餐費、安親班費、保母費……3個小孩都會來跟我要錢，有一次我假裝生氣問：「媽媽呢，怎麼不跟媽媽要錢？」結果小孩子搖搖頭說：「爸爸有錢，媽媽沒錢。」我成了小孩的「長期飯票」，於是我幫小孩開戶存股票，幫他們打造自己的長期飯票。

小孩子長大需要20年，不要把時間都賭在「他會讀書，可

以找到好工作」，也要幫他們開戶存股票，將來才會有長期飯票來照顧他。那麼孩子要投資哪些股票？穩中求勝跟複利累積是兩大重點。

- **穩中求勝**：不要買進飆股來增加風險，一旦失敗也可能一次賠光。可以專注投資 ETF，搭配市值型跟高股息型，靠一籃子好公司來幫小孩賺錢。
- **複利累積**：孩子出生到長大成人需要 20 年，有很長的時間靠複利累積資產，但是你必須要早點開始，而且領到股利也要記得買回去，才能發揮複利的威力。

　　國泰永續高股息（00878）持有 30 檔高配息成分股，國泰台灣領袖 50（00922）則是持有 50 檔大市值龍頭股，同時投資就結合「市值型＋高股息型」的優點。幫小孩子同時投資這 2 檔，等於有了幾十家績優企業當孩子的靠山。從圖表 2-9 可以看出，投資組合的平均年化報酬率為 12.44%，根據 72 法則只要 5.8 年（72÷12.44）就可以幫資產翻倍。

　　投資 ETF 最大的好處是不用選股，孩子可以專心讀書，只要堅持定期定額的策略即可。在孩子長大成人的 20 年中，一定會遭逢多次的股災，00878 ＋ 00922 絕對不會變成壁紙，反而

要抓住股災跳樓大拍賣時,勇敢逢低加碼。幫孩子存股票很簡單:市值型＋高股息型 ETF,定期定額,逢低加碼,股利買回。但是最難的一點在於「堅持」,只要能夠堅持 20 年,孩子的未來就會「富貴有人幫」。

圖表 2-9　高股息＋市值型 ETF 打造長期存股計畫　　單位:%

ETF	00878	00922	平均報酬
總報酬	237.93	326.42	282.17
年化報酬率	11.23	13.52	12.44
年化波動度	14.13	17.55	15.5

資料日期:2013/11/26～2025/5/5

傳家私房筆記

贈與要趁早 孩子才能無痛接棒

記得在我孩子小時候，當時 1 年可以免稅贈與 100 萬元，所以我先花 2 年贈與 200 萬元給老大，再花 2 年贈與給老二，輪到老三時已經沒錢就算了。到了 2025 年，每人每年可以免稅贈與的額度變成 244 萬元，而且不用申報。但是要注意 244 萬元是指「出錢」的人喔！例如我拿出 244 萬元贈與 3 個小孩，每個小孩可以得到 81.3 萬元，都免稅。

但是如果我沒有搞懂，而是每個小孩都贈與 244 萬元，多出來的 2 筆 244 萬元，必須要繳交 10% 也就是 48.8 萬元的贈與稅，如果被當成故意逃稅被抓到，還要多繳 1 倍的罰金，錢都跑到國稅局了。

萬一覺得 244 萬元不夠怎麼辦？可以善用「夫妻間贈與免稅」的制度。小女兒長大後一直抱怨沒有幫她存股票，為了預先存出國留學金，在她讀大學期間，我先把 244 萬元贈與給老婆，然後父母每人各贈與 244 萬元，等於 1 年贈與 488 萬元給她，當時我幫她買進 538 元的台積電，如今出國的學費全靠台積電買單（圖表 2-10）。

富媽媽 窮媽媽

圖表 2-10　買入成本 538 元的台積電

名稱	市價 均價	股數 可下單數	損益
台積電	1160.00	10,000	6,159,070
現股	538.96	10,000	114.28%

　　善用免稅贈與幫小孩存股票，還有多領紀念品、少繳補充保費的小確幸。當然最迷人的還是可以省下大筆的遺產稅。如今我幫 3 個孩子存了 6,000 萬元，將來還有機會變成 6 億、60 億元，因為我是「合法」贈與給他們，而且股票都是他們的名字，就算我將來投胎去了，這些通通都不用繳遺產稅！

　　在我年輕時，我覺得自己將來會有錢，每個人都相信自己會是有錢人吧？然後我開始煩惱往後的贈與稅跟遺產稅，所以我先幫小孩子開戶存股票。隨著時間流逝，股票也跟著孩子慢慢地長大，如今可以幫他們出國留學，未來還可以幫忙繳房貸跟成家立業……真的是受益無窮。

以上是分享我的經驗，不是每個孩子都有高學歷跟高收入，但是我們可以幫他們存股票，就會有很多好公司支撐孩子的將來。

第3章
用資產幫負債買單的第一課

曾經，我也和大家一樣猶豫：到底該先買車、買房，還是先投資？後來我發現，關鍵不是「買不買得起」，而是「有沒有人幫你買」。這一章，是我學會讓資產替我支付帳單的起點。

富媽媽 窮媽媽

買車或買房
都要有人幫你付錢

我相信「凡是努力過的,必留下痕跡。」人生不可能永遠一帆風順,但是過去所有的努力跟汗水,都會化為你的內在,造就未來更強大的自己。

我在出版社寫教科書時,每天總是要絞盡腦汁,那是一種精神上的疲累,下班後我寧可走 30 分鐘的路去搭捷運,也不願意搭公車,就是為了讓腦袋休息一下。幸好在我不斷寫書跟努力讀書下,最後終於考進了三重商工。

為了當公立學校老師,我的人生走了好大一圈。記得在我讀師大附中時,媽媽總是要我好好讀書,她希望我可以考進師大,將來捧著教書的鐵飯碗,可惜當時我很叛逆,覺得當老師沒什麼了不起,愛玩的我沒有考上師大。一直到我開始上班後,發現

錢真的很難賺，才體會到老媽當初的苦心，可惜時間再也無法重來。而且一旦年輕時錯過了，日後就得付出更多努力。

為了捧公立學校教師的鐵飯碗，我當了 5 年的流浪教師，然後又到高師大修教育學分，到淡江大學修數學學分，終於在畢業 7 年後如願以償。如果我當初聽媽媽的話考上師大，就不用這般辛苦。但是，儘管我在教師這條路上繞了好大一圈，我也欣賞到沿途美麗的風景。

我在出版社工作時，磨練出寫作的技巧，持續寫了 23 本高職參考書，最後成為財經作家，持續賺取版稅，拿來投資股票，幫助我更快速地累積資產，更讓我早日財務自由，離開教職。如果我一開始就考上師大，人生的軌跡恐怕也會大不相同吧！所以，短暫的挫折其實可以激發人的潛能，經歷挫折後會讓你更強大。同樣地，股票賠錢我不會當成世界末日，而是秉持「失敗為成功之母」，努力從中學習跟成長。

2001 年 7 月我考上教職後，8 月就辭職在家，每天早上帶著即將就讀小一的大女兒，到游泳池玩水、學游泳，炙熱的太陽把她曬成小黑人；下午我繼續回到出版社，離職前我有一本書寫到一半，我必須將它完成。後來老闆問我這段期間的薪水該怎麼算？我搖搖手說算了，畢竟我過去上班時也是有偷偷讀書，才可以考上公立學校，心懷感激。

老闆看我這樣有情有義，決定聘請我當顧問，我也因此可以多寫幾本書來賺版稅。有時候人跟人之間不要太計較，雙贏才是最好的。

先買房還是存股 要看現金流

過去我因為奉行「不敗家」，結婚後一樣住在 30 坪老公寓，房子老舊、隔音不佳兼漏水，偶而還會有蟑螂、老鼠進來閒逛，把老婆小孩嚇得心驚膽跳。隨著 3 個小孩逐漸長大，空間越來越擁擠，在我捧了公立學校教師的鐵飯碗後，老婆馬上提議我買新房子。我的岳父母當了一輩子公務員，年輕結婚時先買了一間房子，中年後收入增加再買一間房子……老婆訴說著父母的豐功偉績，暗示我要趕快「見賢思齊」。

我用膝蓋猜也知道，新房子要買她的名字（割地），然後貸款都給我繳（賠款），這種「割地賠款」的不平等條約，我怎麼可能會上當！當時我戶頭約有 500 萬市值的股票，我必須把股票出清，才能湊到買房的頭期款，然後一直工作繳房貸到 2021 年，那時我已經 55 歲了，才開始存股票、累積退休金，這樣來得及嗎？如果我不買房而是先存股，人生會不會大不同？我考慮的重點是：現金流出，還是流入？要先了解資產跟負債的不同。

- **負債**：把錢從你的口袋拿走，例如奢侈品、車貸、信貸、卡債……
- **資產**：把錢放進你的口袋，例如股票、基金、債券……

如果我選擇先買房，因為錢不夠所以一定要貸款，會增加房貸利息支出，而且一定要買停車位，不僅方便，也有利於房子增值，但是你看到車位空在那裡就會想買車，買車就會想要出去吃喝玩樂，結果錢就一直流出口袋了。觀察一下大多數的上班族，一生都是在惡性循環：賺錢、花錢、賺更多錢、再花更多錢，就是因為他們習慣先買進負債，導致資金不斷流出，賺再多錢也不夠花。

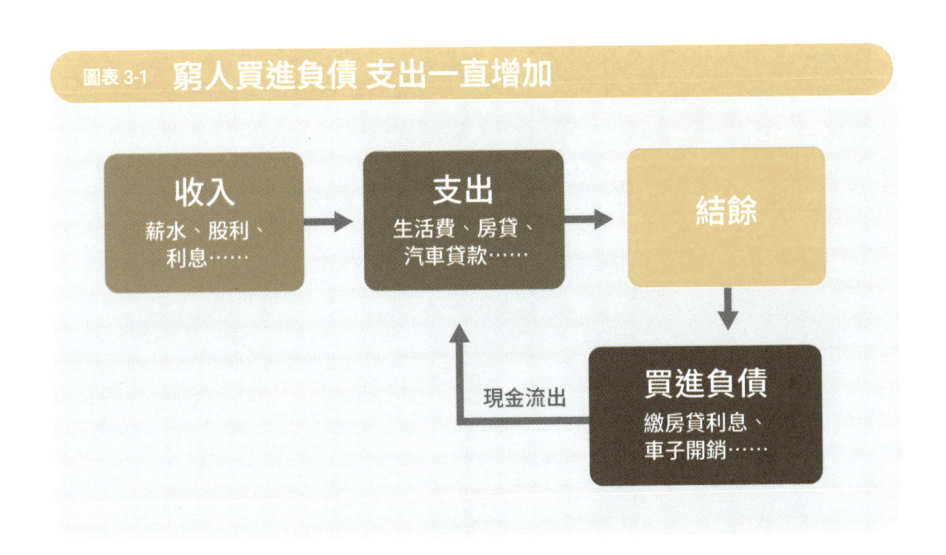

圖表 3-1　窮人買進負債 支出一直增加

收入（薪水、股利、利息……）→ 支出（生活費、房貸、汽車貸款……）→ 結餘 → 買進負債（繳房貸利息、車子開銷……）→ 現金流出 → 支出

後來我果斷拒絕買房，斷絕房貸利息跟其他不必要的支出，全心全力投入存股，產生了一個「自動變大」的現金流系統：領股利➡收入增加➡買更多股票➡領更多股利，有了良善的循環，我的收入每年持續增加。

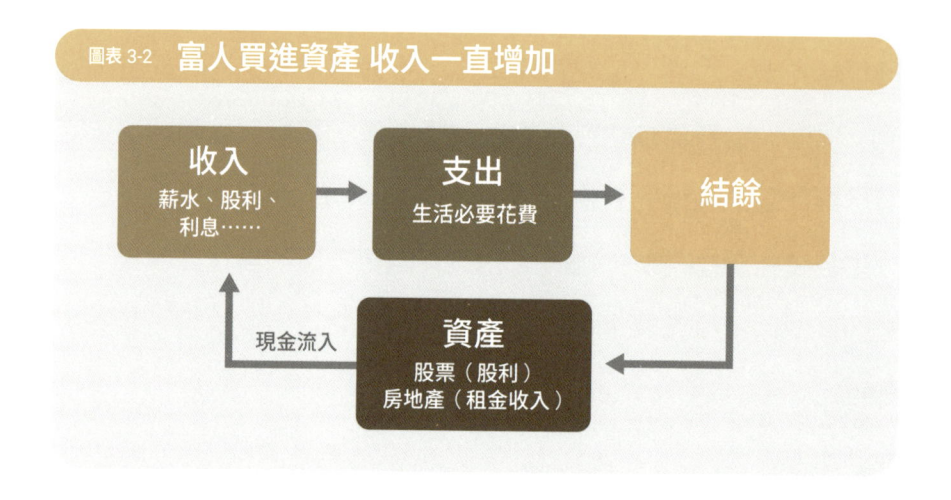

圖表 3-2　富人買進資產 收入一直增加

收入（薪水、股利、利息……）→ 支出（生活必要花費）→ 結餘

資產（股票（股利）、房地產（租金收入））← 結餘

現金流入 ← 資產 → 收入

致富 3 順序 用資產替你打贏財務戰

我在學校教書時觀察到一個現象，每當年輕老師考進來後，緊接著就是「結婚、買房」。鐵飯碗讓他們可以安穩繳房貸，卻同時幫自己套上一個房貸緊箍咒，喪失 20 年、30 年的存股時間。為什麼上班族會窮一輩子？因為他們大多只有「薪水」這個收入，然後又入不敷出。請記住，只有一份薪水不是罪惡，不曉得要優先選擇資產還是負債，才是罪惡。

圖表 3-3　富人優先選擇資產

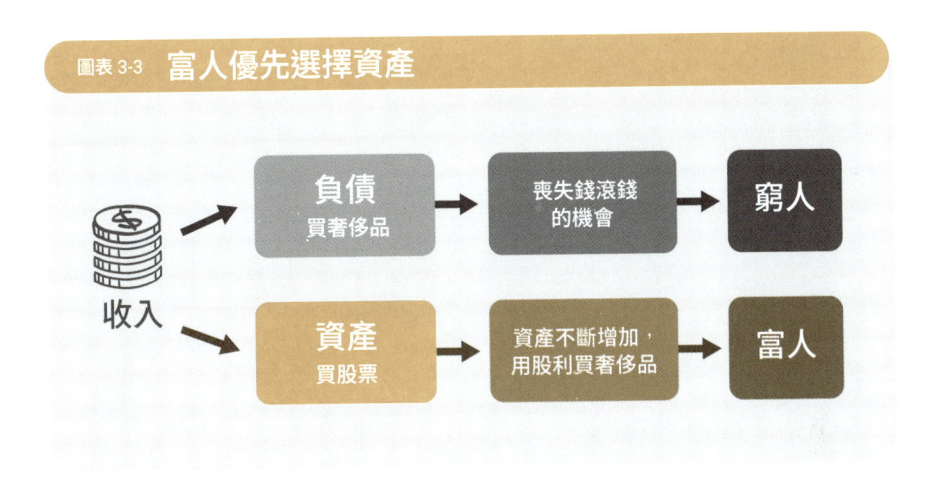

收入 → 負債（買奢侈品）→ 喪失錢滾錢的機會 → 窮人

收入 → 資產（買股票）→ 資產不斷增加，用股利買奢侈品 → 富人

　　由於我不斷地累積資產，2019 年股利收入已經是教書薪水的 3 倍，果斷放棄 20 年公務員年資，辭職在家後，我有更多時間做研究，2024 年股利收入已經達到千萬元。如果我在剛考上學校教師時就貸款買房，我不僅沒有辦法累積股利收入，持續工作到 65 歲，還要煩惱年改後退休金減少，那時候我年紀已經大了，再也無力改變未來。請記住，時間是不等人的。

　　慶幸我一直走在「遠離負債，累積資產」的道路上，如今早已經搬離老公寓，住進重劃區公園旁的新家，當然是登記老婆的名字，然後也背負著 8 位數房貸——當然是我繳。雖然一樣是「割地＋賠款」，心情卻大不相同，因為我累積了 9 位數的股票資產，有一堆好股票搶著幫我付房貸。在這個過程中，我學習到要先買進資產，再用資產來幫負債買單。

致富順序 1：先累積資產

重要的事情先做，先存股票累積資產，早點創造出股利現金流，才是改變人生的契機。2024 年我可以領到千萬股利，看起來似乎很風光，其實是過去 30 年堅持的結果。如果你想要有一棵樹可以乘涼，記得要在 30 年前將種子播下。

致富順序 2：晚點買進負債

窮人為什麼變更窮？麻省理工經濟學博士給出答案：因為「買房子」。先買房會造成現金持續流出 20、30 年，等到繳清房貸後，人生已經過了一大半，完全是輸在起跑點上。

致富順序 3：靠資產幫負債買單

請記住，窮人的負債，等於富人的資產。全台灣有這麼多人在繳房貸利息，錢都跑到銀行去了，那麼你為什麼不當金融股的股東，領股利來幫忙繳房貸呢？我目前持有數千張的金融股，2025 年從金融股領到 500 萬元股利，我的房貸都是別的房貸族幫我買單。

財務選擇題 做錯窮忙一輩子

有人看到我領股利來繳房貸，說我是不事生產的吸血鬼，其實也沒有人拿槍逼你貸款買房子吧？重點在於先了解買房、存股的優缺點，然後做出適合自己的選擇。購屋族覺得房子最安穩，房價還會穩定上漲，代價是你要付出幾十年的利息；存股票領股

利看起來似乎很不錯，但是只要股市大跌，我 1 天就可能蒸發上千萬，這也是我要承擔的風險。

我要提醒一點，現在的房子都很貴，房貸一背就是 30 年，一定要謹慎決定，不然 30 年後，就算後悔也來不及。重要的事情要先做，我堅持「先累積資產，再靠資產幫負債買單」，雖然一開始會很辛苦，但是先苦後甘的人生很值得。

不過，如果家庭成員財務觀不同，該怎麼解決？我過去在公立學校教書，看過許多老師都很愛老婆，不僅房子買老婆名下，有的甚至連存摺跟提款卡都乖乖交出去。金融海嘯後的 2010 年，一位老師說他趁著股災進場，賺了 500 萬元，我馬上拗他請客，結果他居然說沒錢，因為薪水都交給老婆管理，他只是用電腦模擬過過癮。

記得在 2009 年初股市大跌，我想要加碼卻沒有錢，老婆又是偏保守的「要保障」型投資人，股市大跌把她嚇得要死，想跟她借錢投資股票，根本是天方夜譚。我只好跟老媽商量，還好老媽深明大義，骨子裡更是充滿投資的血液，幫我用房貸借錢，讓我危機入市，股災結束後我的資產增加了 1,000 萬元，因為買到很多便宜的好股票。唉！如果當初老婆肯資助個幾百萬，我會更早財務自由啊！誰叫她骨子裡流著「安穩」的血液！

家庭理財最大的問題，在於夫妻雙方的生活背景不同，因此對金錢跟投資都有不同的想法。我老婆一家都是公務員，所以喜

歡安穩保守；我老媽大膽買進未上市的台積電，我就遺傳到積極進取。如果把我的錢都放老婆那邊，雖然是安穩了，但是我受不了；如果老婆的錢都放我這裡，股災時她也睡不著。所以我最後的做法就是各管各的錢，不需要為了錢爭吵。

再來就是要停止「割地＋賠款」的無聊遊戲，不然老公背了30年房貸，辛苦賺的薪水也只是在幫銀行的股東打工。請記住，家庭理財的目標是「財富增長」，在面臨資產跟負債的選擇時，一定要同心做出正確的選擇，我的選擇就是「先累積資產，再靠資產幫房貸買單」。

開車代步 10 年資產後退逾 500 萬

講完房子之後再來講車子，這也是年輕人常碰到的「錢坑陷阱」。女生喜歡買包包跟珠寶，男生就喜歡買車，來看看我是怎樣跟車子結緣的。

記得在 1986 年夏天，讀完大一的我要搬出學校宿舍，看著同學的爸爸開賓士 280 SEL 來載行李，我卻只能租一台小三輪車，內心真的有點失落啊！當時我傻傻地連賓士車都不懂，被同學嘲笑，激起我對汽車的興趣，但也只能去舊書攤買二手汽車雜誌，然後做一些汽車模型來過過乾癮。

等到我開始工作賺錢後，雖然有能力買車了，因為要堅持省

錢存股票，只能用 BMW 代步——公車（Bus）、捷運（Mrt）、走路（Walk）。還記得每次我在公車站牌等車時，看著馬路上各式豪車跟跑車，內心都會湧起一陣陣欣羨，我總是用力咬住下嘴唇來打消念頭，再跟自己說：「陳重銘，你還要再努力一點！」

光靠意志力是不夠的，人總有腦波脆弱的時候，所以我會用數字來說服自己。

假設 1 輛 100 萬元的車開 10 年後報廢，平均 1 年的買車錢是 10 萬元。每年的油錢、停車費、保險費、稅金、維修……加起來算 1 年 15 萬元，10 年就是 150 萬元。上述總開銷是 250 萬元，平均 1 年買車跟養車的花費是 25 萬元。但如果將買車的 100 萬元拿去投資，用台股大盤長期平均 10% 的年報酬率計算，10 年後則是會累積到 259 萬元。

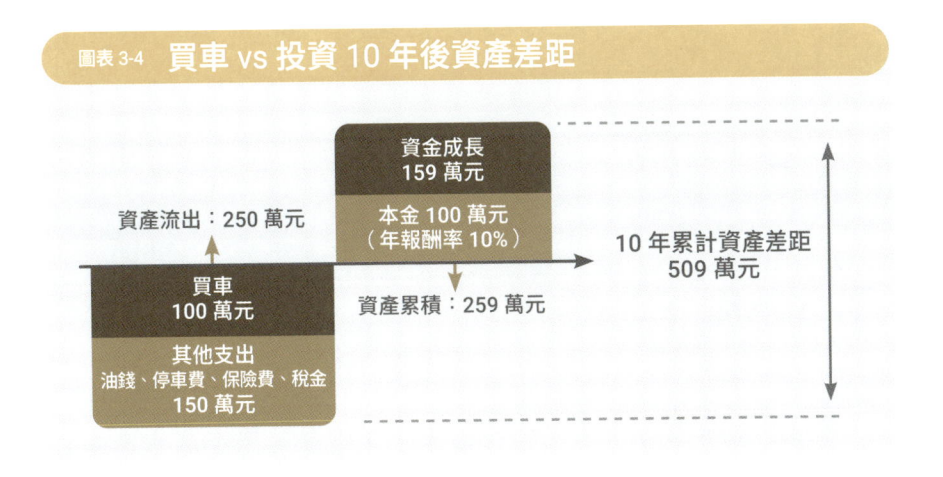

圖表 3-4　買車 vs 投資 10 年後資產差距

資產流出：250 萬元
買車 100 萬元
其他支出 油錢、停車費、保險費、稅金 150 萬元

資金成長 159 萬元
本金 100 萬元（年報酬率 10%）
資產累積：259 萬元

10 年累計資產差距 509 萬元

富媽媽 窮媽媽

買車，未來 10 年會流出 250 萬元，這筆錢拿去投資，則會變成 259 萬元，一來一回相差 509 萬元，想到這裡，買車的慾望馬上被理智澆熄。

窮人普遍有一個特點，就是很容易搞丟身上的錢，年輕時覺得有車比較方便，100 萬元的車錢也負擔得起，不夠就貸款買，就這樣一腳踏進「買車、養車」的負債循環裡面。如果 10 年換 1 台車，40 年的工作生涯換了 4 台車，不知不覺中就花掉了 1,000 萬元，退休時你怎麼可能會有錢。

有錢人的特點就是「想很大」，雖然買 100 萬元的車很容易，但是他更清楚這筆錢經過 40 年的複利投資，會累積成巨大的財富，所以願意犧牲眼前的小確幸，來換取往後的大幸福。試算一下，把每年買車跟養車的 25 萬元拿去投資，用大盤平均報酬率 10% 計算，20 年後會累積到 1,432 萬元，第 21 年的 10% 獲利就是 143.2 萬元，完全夠買 1 台車了！

圖表 3-5　每年投入 25 萬 累積資產驚人　　單位：萬元

年數	10 年	20 年	30 年	40 年
投資成本	250	500	750	1,000
累積總額	398	1,432	4,112	11,065

說明：以年均報酬率 10% 試算

如果可以堅持 40 年，總共投入了 1,000 萬元，最後會累積

到 1 億 1,065 萬元，每年 10% 的報酬就可以買千萬跑車，而且都是股票買單。

看了上面的計算，你知道我為何堅持到 46 歲才買車了吧！我當了 25 年上班族，我曉得薪水是最寶貴的資源，要善用它來幫我賺錢。其實在我 35 歲考進公立學校後，我很認真地同時兼任日夜間部雙導師，並努力寫教科書賺版稅，再加上投資股票的股利，年所得早超過 200 萬元，買車對我來說並沒有難度。但是我清楚現在買 1 台百萬的車，等於花掉我往後的數百萬，所以我選擇先苦後甘。

在我 46 歲那一年，已經可以年領百萬股利，終於有人幫我的汽車買單了，而且隨著我的股利越領越多，家裡也有了 2 輛車。人生由窮到富走了一遭，我開始體會「不敗家就是為了敗家」，這才是「不敗教」的最高精隨──先省錢不敗（Buy），後面就有人幫你的敗家買單。小資的上班族，要趁著年輕時不敗家，努力用薪水累積資產；年紀大了之後，就可以靠資產產生的股利來敗家，車子不再是奢侈品跟負債了。

投資汽車股 靠股利跟價差買車

什麼是經濟學？簡單來說就是「錢的流動」，重點是觀察錢從哪裡流出，避開它，再觀察錢流到哪裡，然後站在那裡等錢掉

富媽媽 窮媽媽

下來砸你。台灣人很喜歡買 TOYOTA 的汽車，和泰車（2207）的獲利就很漂亮，除了 2022 年和泰產險因為防疫保單大賠，最近幾年都賺進 3～4 個股本，什麼意思呢？就是你拿 100 萬元做生意，然後每年淨賺 300 萬～400 萬元，真的是太好賺了。

成功的商人會想盡辦法賺你的錢，和泰車想把車子賣給你，萬一你的錢不夠怎麼辦？子公司和潤企業（6592）借給你，和泰產物保險順便幫你投保，讓你安心上路。你只是買一台車，和泰集團會賺到你：賣車利潤、維修保養費、車貸利息跟保險金，真的是太聰明了！你不要怪廠商一頭牛扒 4 層皮，畢竟人家沒有逼你買車喔！

轉念想一想，既然和泰車這麼會賺錢，你也可以當它的股東來分錢啊！從圖表 3-6 可以看出，1 張和泰車最近幾年約配發 2 萬元股利，持有 5 張每年就是 10 萬元，10 年領到 100 萬元股利就可以換新車。也就是說，只要你努力存到 5 張和泰車股票，往後每 10 年都可以靠股利換新車。那麼要在股價多少時買進，

圖表 3-6　和泰車（2207）近年獲利表現　單位：元

獲利年度	2020	2021	2022	2023	2024
EPS	25.36	29.68	-35.39	41.03	36.74
股利	17	20	2.2	20	20

如何計算合理股價？

由於和泰車配息穩定，可以採用殖利率法推估合理股價。殖利率的計算是：股利÷股價，反推過來，股價＝股利÷殖利率。從圖表 3-7 可以看出，2021 年後，因為獲利上升，和泰車股價逐步往上，故殖利率僅 3% 左右，確實不迷人。由於近幾年皆發放 20 元股利，如果以一般存股族可接受的 5% 殖利率標準計算，合理股價為 20÷5% ＝ 400 元，目前看起來不容易碰到，只能耐心等待股災時進場。

圖表 3-7 和泰車（2207）近年殖利率表現

年度	股利（元）	股價（元） 最高	股價（元） 年均	股價（元） 最低	殖利率（%） 最高	殖利率（%） 年均	殖利率（%） 最低
2019	12	719	456	244.5	4.9	2.6	1.7
2020	14	767	617	335.5	4.2	2.3	1.8
2021	17	669	596	515	3.3	2.9	2.5
2022	20	660	597	540	3.7	3.4	3
2023	股利受防疫保單影響，屬單一事件故忽略						
2024	20	718	637	585	3.4	3.1	2.8

由於和泰車是獲利穩定的好公司，投資人願意用更高的股價來買單，除非是 2020 年疫情這種重大利空，不然很難看到 5% 的殖利率。也就是說，光是存和泰車領股利，並不會太迷人。

山不轉路轉，也可以觀察其他的汽車股，當好公司碰到倒楣事，就會有投資機會，靠價差買車。看看 2024 年中華（2204）的股價，先盛後衰到腰斬，當真是起高樓、宴賓客、樓塌了。

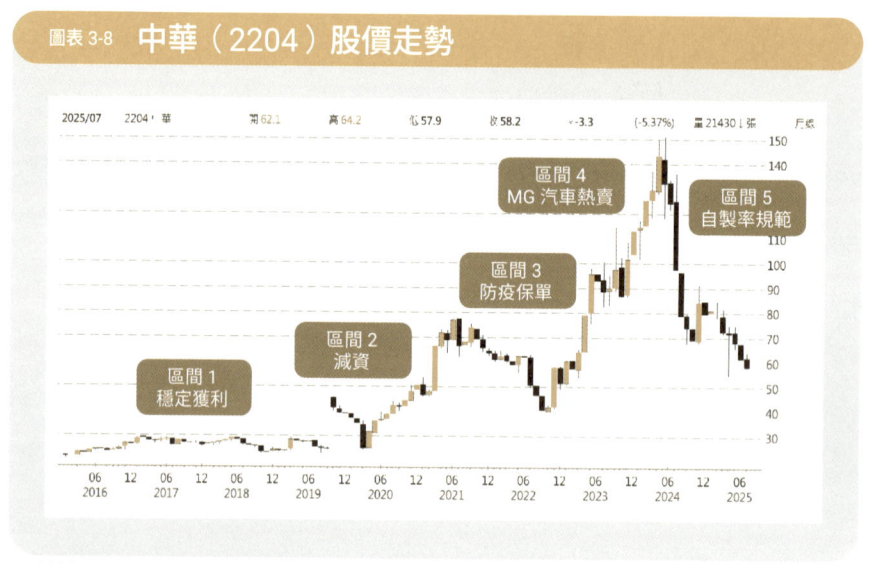

圖表 3-8　中華（2204）股價走勢

區間 1 穩定獲利
區間 2 減資
區間 3 防疫保單
區間 4 MG 汽車熱賣
區間 5 自製率規範

資料來源：CM 法人投資決策系統

▍區間 1：穩定獲利

2019 年以前，中華汽車的獲利穩定，EPS 約在 2 元上下，配息約 1 塊多，股價也在 30 元附近盤整。

▍區間 2：減資

2019 年 9 月減資 6 成，股本減小到 0.4 倍，等於 EPS 放大 2.5 倍，2021 年 EPS 達到 7.67 元，股價最高來到 77.5 元。可以看

出現金減資有助於拉升 EPS 跟股價，如果是獲利穩定的公司，我都會參加減資，減資拿回的錢還不用繳稅，但是要記得買回股票，因為減資後你的股數也會變少。

區間 3：防疫保單

受到轉投資公司新安東京海上產險的防疫保單理賠損失影響，中華車認列一次性巨幅虧損，股價重挫至 40 元。但是防疫保單損失僅為一次性事件，且並非公司本業經營不善，可以看成是好公司碰到倒楣事，要趁便宜進場布局。

區間 4：MG 汽車熱賣

2022 年宣布代理英國 MG 汽車，並於第 4 季重返台灣市場。隨著 MG 車系的熱賣，2023 年 EPS 高達 10.36 元，創下史上新高，2024 年 5 月股價也站上 151 元的歷史高點。

區間 5：自製率規範

MG 熱賣受到同業眼紅而遭到檢舉，2024 年 7 月政府祭出國產車自製率新規定，並立即於該年 8 月 1 日實施，導致中華車的 MG 品牌 8 月起交車碰壁，2024 年第 3 季、第 4 季獲利大縮水，股價也在 2024 年 10 月腰斬到 70 元以下，我見機不可失便開始進場。

當企業遭逢逆風時，首先要觀察是長期影響，還只是一次性的利空？如果你是中華汽車的高層，會直接放棄 MG 這個金雞

母，還是努力增加自製率來繼續販售？經過半年的努力，2025年初 MG 主力車款 HS 1.5T 已達國產化要求，可恢復正常產銷，商用車 J SPACE 也繳出不俗的成績，法人預期中華車 2025 年營收動能有望逐步回升。

「危機入市」是增加報酬率的要訣，但是要記得一個前提──績優股。中華車過去獲利穩定，減資有助於提升 EPS，引進 MG 車種更是獲利的大補丸，雖然在 2024 下半年遭逢逆風，但也因此提供股價腰斬的甜蜜進場點，我當然不會錯過機會，不幸的是 2025 年 4 月的對等關稅，引發國內的美國進口車有降價的可能，對中華車的營收與股價形成壓力，我會先放著安心領股利，等到 MG 全系列車種恢復銷售，獲利上升就會成為推動股價往上的動能，同時我會持續觀察關稅的發展，再來做出最即時的調整。

傳家私房筆記

跑車不必進車庫 要開進別人生命裡

2024年台積電大漲超過8成，荷包滿滿的我有點想買台千萬跑車來獎勵自己。回想從前，年輕時收入不高，又要堅持存股所以不敢買車，只能拚命做模型來安慰自己，現在終於有能力讓美夢成真，不過我也猶豫了起來。其實一台車子95%的時間都放在停車場，跑車一落地就貶值30%；維修保養很貴，停路邊又怕被刮到，加上我開車很慢，真的有需要超跑嗎？

當我感覺到困惑時，我會讓自己回到原點。什麼叫做投資？就是把錢花在最有效益的地方。

2021年初我開啟一個「5,000萬存股帳戶」，打算將我寫書、寫課程、團購、股利等收入，累積成一筆5,000萬元的基金，每年的股利繳稅後，剩下的就拿來捐款。我花了2年投入3,000多萬元，靠著投資在2025年已經累積到7,000多萬元，我也從每年的股利中拿出300萬元來捐款。我的做法就是之前講到的：「先累積一筆資產，再靠資產來買單」。我不知道自己可以再寫幾年的書，我總有一天會老，會累，會離開，但是我的資產會幫我長長久久的捐款。

2022 年我看到知名作家黃大米，捐了一台「到宅沐浴車」給中華聖母基金會，讓失能或臥床的朋友可以好好洗澡。我經由她連絡上基金會，2023 年我從「5,000 萬存股帳戶」提款，捐了一台山地服務車，用來照顧阿里山達邦部落的長者。粉絲開玩笑要我將這台車命名「不敗號」，我最後取名為「大同號」，取自《論語・大同篇》：「使老有所終，幼有所長，是謂大同。」

2025 年初，博幼基金會聯絡我，他們在新竹尖石鄉的交通車老舊了，我一樣從「5,000 萬存股帳戶」提款，贊助了一台 7 人座新車給他們，讓小朋友可以安全參加課輔。這台車我用老媽的名字取名為「如錦號」，期望小朋友好好讀書，前程如錦。

年輕時我沒錢買車，只能一直做法拉利的模型，等到有能力買法拉利時，我卻覺得不需要了。法拉利只是我賺錢的動力，如今我的車子在阿里山達邦部落跟新竹尖石鄉奔跑，才是真的把錢放在最有價值的地方。我會繼續好好存股，讓我的「5,000 萬存股帳戶」越來越大，然後每年捐款、捐車給有需要的人。

第4章

股災時學會
大膽危機入市

股災時借錢危機入市，改變了我的人生軌跡。

2009年，我咬牙去借房貸，在別人恐慌時進場撿便宜。很多人說我瘋了，但那次行動，讓我翻轉了整個人生的財務軌跡。這一章，是我學會如何在危機中找到機會的真實故事。

借對錢資產倍增
用錯槓桿本金喊救命

有一回我在粉絲團分享，2009 年金融海嘯時借房貸賺到 1,000 萬元的故事，有網友留言說我是「空手套白狼」，我 Google 得到：「指用很小的付出（或是暗指沒有付出）而取得了很大的回報，為貶義詞。」看完後我有點好奇，借錢投資就不公不義了嗎？我想你還沒有搞懂甚麼叫做「錢」，我在《打造小小巴菲特 2 養成金錢好習慣》一書中，講到了「錢的旅行」，來看一下吧！

「小螞蟻在學校很認真地做筆記，發現鉛筆已經快寫完了，就在放學回家路上，先到小松鼠開的書店，用 50 元硬幣買了一盒鉛筆。

隔天小松鼠到了午飯時間，就拿了那枚 50 元硬幣，到小豬

的自助餐廳買了一個便當。

小豬下班時覺得口渴,就拿了那個 50 元硬幣,到小羊的飲料店買了一杯飲料。

小羊下班後,將今天所有收到的硬幣,通通存到郵局裡面。

小刺蝟在商店上班,發現店裡的零錢不夠用了,於是就拿了千元紙鈔到郵局換成硬幣,小羊存的這枚 50 元硬幣又回到了商店。

小螞蟻想到聖誕節快到了,要跟小朋友交換禮物,就拿著 100 元紙鈔,到商店買了 50 元的蠟筆,小刺蝟就將那枚 50 元硬幣找給了牠,這枚硬幣又回到小螞蟻的手中了。」

有沒有覺得很神奇呢?只是一個 50 元硬幣,在小螞蟻、小松鼠、小豬、小羊、小刺蝟的手中轉了一圈,每個人都拿到錢,也都把錢花掉了,但是每個人的需要都被滿足了!而且從頭到尾都只有那個 50 元硬幣,錢並沒有增加喔!

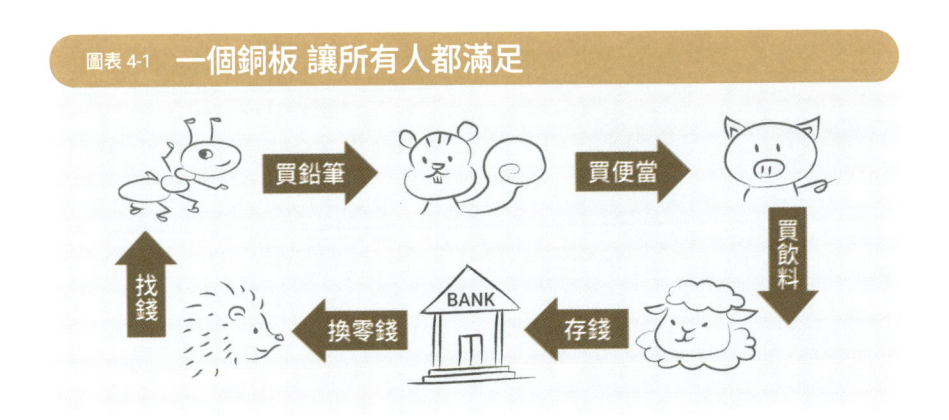

圖表 4-1　一個銅板 讓所有人都滿足

這個故事訴我們，錢要「流動」才會產生價值。再來看看，當我跟銀行借錢，雖然我拿去投資賺到了錢，但是銀行也會拿到我每個月付的利息，也就有錢付利息給存款戶，再發放股利給股東。大家賺到錢就會繳稅、消費，於是經濟也跟著活絡起來，然後更多的人又賺到錢，這就是 Win Win（雙贏）。請問一下，如果沒有人跟銀行借錢付利息，銀行要怎樣給存款戶利息，那麼大家還會把錢存在銀行嗎？請記住，金錢的意義就是「流動」。

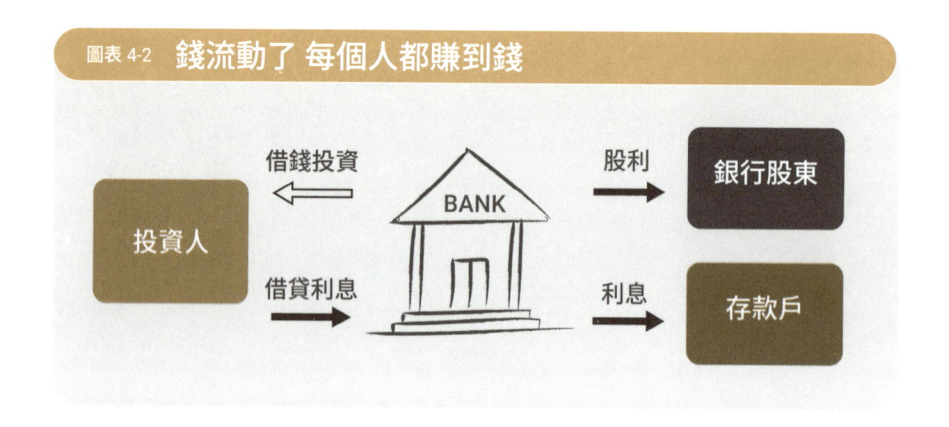

圖表 4-2　錢流動了 每個人都賺到錢

投資人 ← 借錢投資 ── BANK ── 股利 → 銀行股東
　　　　　借貸利息 →　　　　 利息 → 存款戶

槓桿能助攻 也能斷送你僅有本金

有人說，投資是有錢人的遊戲，沒有錢的小資族根本賺不多。大家都學過「槓桿」原理吧，只要你善用槓桿，小力氣也能夠舉起大重量，其實申請房貸來買房，也是在利用槓桿喔！

假設一間套房的總價是 1,000 萬元，你只先付 400 萬元頭

期款,槓桿倍數就是 1,000÷400 = 2.5 倍。如果幸運地將套房用 1,200 萬元賣出,賺到了 200 萬元,報酬率高達 200÷400 = 50%,以前很多投資客炒房,就是善用槓桿。

除了房貸之外,許多金融商品也具有槓桿的特點,例如從股票、債券、貨幣、外匯……所衍生出來的「衍生性金融商品」,除了用來避險之外,也可以利用槓桿來增加投資效益,對於資金有限的小資族,或是想要快速致富的人會很有吸引力。**投資時使用槓桿並不是罪惡,罪惡的是你不了解其中的風險。**

來看一個慘痛的故事,2012 年新北市有一對夫妻,原本是擁有 10 多間房產的大地主,卻因為投資期貨慘賠 6 千萬元,一家 4 口到海水浴場燒炭自殺,要是當初沒有那麼貪心,光收房租就可以全家快活一生。

期貨有點像是在賭博,一旦看錯方向賠錢時,如果不立即停損,甚至逆向加碼投資就會越陷越深。更慘的是碰到突發的重大事件,根本無法因應,像是 2025 年 4 月 7 日因為美國總統川普提出「對等關稅」引發全球市場動盪,台指期開盤即跌停鎖死,投資人想賣也賣不掉,不少人被斷頭甚至破產。幸好我深知期貨的風險,加上我自己不懂,所以是避而遠之。

選擇權也是我不碰的商品,「以小博大,損失有限,獲利無限」曾經是券商推廣股票選擇權的廣告詞,小資族只要用一點點

的資金購買權證,就可參與股市的大行情,這就是「以小博大」。看起來很美好,但是你真的了解「損失有限,獲利無限」嗎?讓我來講一個故事。

2020 年爆發新冠疫情,我們家 6 個人都買了防疫保單,如果運氣很好都沒有染疫,損失只會是每人區區的 500 元保費,這個運氣好就是「損失有限」;結果全家人分 2 輪通通都染疫了,總共領回幾十萬的理賠,可以說是「獲利無限」吧!

但是對於賣出保單的產險公司而言,一個保戶頂多只賺到 500 元保費,卻有可能賠上 6 萬元,是保費的 120 倍喔!後來疫情大爆發,全體產險公司付出台幣近 3,000 億元的理賠金,幾乎賠光逾 20 年的獲利,這就是「獲利有限,損失無限」的最佳寫照。所以在投資選擇權之前,要先知道買方跟賣方的風險。

選擇權的「買方」就像是買樂透以小搏大,損失有限、獲利無限;選擇權的「賣方」,則類似保險公司,可能是「獲利有限,損失無限」,所以千萬不要選錯邊。一般的散戶大多會做買方,但也不是逢買必贏,看錯方向就會賠掉權利金,所以也有人改作賣方,只是一不小心就會傾家蕩產了。2018 年 2 月 6 日,由於前一日美股大跌,台指期貨開盤下跌近 300 點,券商啟動選擇權的斷頭砍倉,交易人損失近 40 億元。

有些資金不多的小資族,很喜歡用期貨跟選擇權來放大槓

桿，但是請你靜下心來想一想，有沒有可能每一把都賭贏？如果你一而再、再而三的「損失有限」，將來怎麼可能會富有呢？期貨跟選擇權就是多方跟空方的對賭，有人賺錢就一定有人賠錢，如果你是剛踏入市場的小白，很容易受到市場老手的屠殺。

融資撐大部位 風險也跟著加倍

有時候看好一檔股票，但是卻沒有錢怎麼辦？基於服務客戶的立場，券商可以借錢給你，順便再賺一點利息（年利率約在 6%～7%），然後你買進的股票要放在券商那邊當抵押品，賠錢時券商可以賣掉你的股票，這就是所謂的「融資」。融資的好處是增加資金、放大投資規模，從股價上漲中獲得更高的回報，但是萬一股價下跌呢？你的抵押品就會貶值了，券商會不會來跟你要保證金，好確保你將來一定還得出錢來？

先來說一下融資的原理，假設小銘想要買進股價 1,000 元的台積電，1 張就要 100 萬元，可是小銘只有 40 萬元本金，他決定融資 60% 買進（跟券商借 60 萬元）。

▎槓桿倍數

用 40 萬元買進 100 萬元的股票，槓桿倍數就是 100 萬 ÷ 40 萬 = 2.5 倍。如果台積電漲到 1,200 元，1 張台積電賺到了 20 萬元，報酬率 = 獲利 ÷ 本金 = 20 萬 ÷ 40 萬 = 50%；但是

如果台積電跌到 800 元，小銘也是會賠掉 50%。請記住，**賺錢是 2.5 倍，賠錢也一樣是 2.5 倍，槓桿不會只賺不賠。**

▌融資維持率

券商借給小銘 60 萬元，得到 100 萬元的台積電股票當作抵押品，融資維持率＝股票市值 ÷ 融資金額＝ 100 萬 ÷ 60 萬＝ 166.7%。

▌補繳保證金

一旦股價下跌導致維持率下滑時，券商為了減少風險就會要求投資人補繳保證金，將維持率回到 166.7%。

▌融資斷頭

當維持率低於 130%，會被券商強制賣出股票。 假設股價崩跌到 770 元（1 張 77 萬元），融資維持率＝ 77 萬 ÷ 60 萬＝ 128.3%，已經低於 130%。此時券商強制賣出後只能拿回 77 萬元，扣掉跟券商借的 60 萬元後只剩下 17 萬元，小銘總共虧損了 40 萬－ 17 萬＝ 23 萬元，等於賠掉了 23 萬 ÷ 40 萬＝ 57.5%。

▌解除融資追繳狀態

如果小銘不想被斷頭，就必須補錢給券商來提高維持率。由於股票只剩下 77 萬元的價值，以現值 77 萬元估算，若要維持 166.7% 維持率，融資部位須降至 46.2 萬元（77 萬 ÷ 166.7%），因此需補繳 13.8 萬元的保證金，使原 60 萬元借款中的 13.8 萬元變成自有資金。請問你，小銘就是沒錢才會跟

券商融資買股票,還有錢補繳保證金嗎?

陷入惡性循環

小銘使出渾身解數,終於跟親友借到 13.8 萬元的保證金,但是屋漏偏逢連夜雨,股災降臨又讓股價跌到 595 元(市值剩下 59.5 萬元),此時為了維持 166.7% 的融資維持率,股票價值只能支撐最多 35.7 萬元的融資部位(59.5 萬 ÷166.7%),但小銘的融資仍有 46.2 萬元,因此他還需要再補繳 10.5 萬元保證金(46.2 萬－35.7 萬),才能避免再度被斷頭。

補錢或是破產

如果小銘繳不出 10.5 萬元的保證金,券商強制賣出後只能拿回 59.5 萬元,還給券商融資的 46.2 萬元後,剩下 13.3 萬元。但是小銘付出的本金跟保證金＝ 40 萬＋ 13.8 萬＝ 53.8 萬元,等於倒虧了 53.8 萬－ 13.3 萬＝ 40.5 萬元。若小銘不想破產,只能借錢補繳保證金,萬一股價又下跌了呢?虧損只會越來越大!

圖表 4-3 **融資操作下的風險變化試算**　　單位:元

股價	1,000	770	595
股票市值	100 萬	77 萬	59.5 萬
融資借款金額	60 萬	46.2 萬	35.7 萬
補繳保證金需求	0	13.8 萬	10.5 萬

說明:以融資維持率 166.7% 試算

借對工具 穩健放大資金效益

上班族的薪水少、壓力大，每個人都想要藉由投資來早日退休。但是請記住「水能載舟，亦能覆舟」，如果光想著使用槓桿來一步登天，卻不知道槓桿其實是「雙面刃」，當你用力砍向敵人的時候，很大機率會反彈回來傷到自己。

來看一個慘痛的例子，黃媽媽曾經是手握 10 億元的股市大戶，在股海中呼風喚雨，然而卻在 2008 年金融海嘯時翻了船。當時市場上完全看不見一絲希望，連鴻海董事長郭台銘都公開說：「景氣還會再壞 3 倍。」攤開黃媽媽當時的持股，像鴻海（2317）、矽品（2325，後被日月光併購），都算是績優、可以長期持有的好公司，偏偏黃媽媽是用融資買進，鴻海和矽品又都買在 300 元及 70 元的高點。

百年難得一見的金融海嘯席捲而來，鴻海跟矽品的股價一路往下崩跌，用融資買進股票的黃媽媽，收到的融資追繳令是一道接一道，比召回岳飛的 12 道金牌還要急促。如果不補繳保證金就會被送上斷頭台，當初投入的自有資金也將化為烏有。為了保住股票，黃媽媽先是把積蓄全部投入，最後不惜將所有的房地產、汽車低價出售，再把保單質押，全部投入「保證金追繳」這個無底洞中。

最後鴻海跟矽品一路崩跌到 50 幾與 20 幾元，券商一再要求

補繳保證金，黃媽媽只能賤賣所有的珠寶做最後一搏，還是擋不住金融海嘯的威力，她的股票被完全斷頭，當初的 10 億元資金，加上賣房子、賣珠寶補繳的保證金，全部蒸發，融資斷頭讓她徹底破產了。從這個血淋淋的故事中，我們學到了哪些教訓呢？

第一，不要碰融資。當初的 10 億元資金，就算都買進 300 元的鴻海，只要是自有資金就可以放著領息，用時間換去空間。只可惜是用融資買進，最後被斷頭出場。

其次，及時停損。融資是 2.5 倍槓桿，「賺得快」的另一面就是「賠得更快」，所以一定要設定停損點，如果她在第一次融資追繳時認賠出場，就可以避免破產的下場。請記住，使用融資一定要把風險擺在第一位。

最後，補繳保證金的下場是傾盡所有。欠朋友的錢，還可以耍賴拖延；面對融資追繳，因為害怕之前投入的資金化為烏有，就會乖乖地補繳保證金，只是保證金繳得越多，你也會越陷越深，直到榨乾最後一毛錢，然後被狠狠斷頭而一無所有。

如果黃媽媽是用自有資金，就算買進 300 元的鴻海，也可以靠著除權息不斷降低成本，耐心等待轉機的一天。來試算一下，她在 2008 年買進後，2009 年鴻海配發 1.1 元現金＋1.5 元股票（1 張配 150 股），除權息後成本變成（300－1.1）÷（1＋0.15）＝260 元，如果一直抱到 2024 年底，成本降低到 88.2

元，但是股價卻漲破 200 元，獲利還是很豐厚，一樣可以過貴婦的生活。

融資最大的問題有兩個，第一是槓桿太大，第二是使用股票作抵押，股價有可能在短期內重挫，陷入一直補保證金，沒錢就斷頭的惡性循環中，所以請你一定要記住「融資是破產的開始」。如果真的缺少資金，可以拿房子當抵押品，房價不會歸零，也很難迅速下跌，只要準時繳息就不會有補繳保證金的壓力。

借房貸危機入市 改變人生軌跡

伴隨股災而來的，往往也是最好的入市時機，但是沒錢也無法抓住機會。自從 1994 年研究所畢業後，我前前後後換了 6 個工作，還要扶養 3 個小孩，終於在 2008 年金融海嘯前累積到 1 千萬元的股票，儘管耗費我 14 年的光陰，但是依然很開心，心想就算每年領 6% 的股利，平均 1 個月也有 5 萬元，算是多了一份薪水了！可惜好景不常，隨即爆發的金融海嘯讓我的資產直接腰斬，真的是無語問蒼天。

2009 年初大盤僅 4 千點出頭，我跟老媽商量要去借房貸，老媽還叫我多借一點，可惜膽小的我只借了 500 萬元，當時的績優龍頭股真的都是白菜價。隨後大盤從谷底反彈，在 2011 年時已經突破 9 千點。我手中持股也紛紛大漲，聯詠（3034）從

30 元漲到百元以上，中信金從 7 塊多大漲到 27 元，我的資產也跟著突破了 2 千萬大關。

回首這段經歷讓我的感觸頗深，從 1994～2008 年，我老老實實靠薪水養家跟存股，花上 14 年才將資產累積到 1 千萬元；但是在 2009 年抓住股災，借房貸進場大撿便宜，短短 2 年多就增加了 1 千萬，原來「借錢投資」也可以改變人生的軌跡。

上面指的是一般型房貸，利率較低適合用來長期投資，但是要每年償還本金跟利息。還有一種「理財型房貸」，特點是不需要償還本金，只要在借用時繳息即可，很適合用來做短線價差，特點如下：

- **隨借隨還，按日計息**：只要辦好手續，當我買進股票需要錢交割時，理財型房貸就會主動撥款，並開始按日計息。一旦我賣出股票還款後，就不用再繳付利息，所以很適合用來做短線價差。
- **利息較高**：理財型房貸的利率會高過一般型，不建議用來長期投資股票。

最近幾年我都利用理財型房貸，操作期街口道瓊銅（00763U），為何我選擇銅的 ETF 呢？因為銅是電流的良好導體，更是科技業必須的材料，長期來看銅的需求是穩定上升，而

且銅價不可能歸零，所以借錢投資的風險較低。但是銅價會因為供給與需求之間的平衡，在短期內上下波動。

- **供不應求**：當需求大於供給時，銅價就會往上，廠商也會開始增加產能來放大獲利。
- **供過於求**：當產能增加大於需求時，銅價就會往下，廠商開始減產因應，接著銅價就會觸底反彈。

市場會主動在供給跟需求之間取得平衡，所以 00763U 的股價大多是在區間震盪，這時候就很適合參考技術指標，低進高出賺價差。由於銅價不會快速波動，所以我就不參考日線，而是參考週線的 K 值。K 值是一連串的數學式，不需要懂原理，只要會用就可以了。K 值會在 0 ～ 100 之間波動，所以我們就上下各取 20%。

- **K > 80**：股價在高檔過熱，可能往下。
- **K < 20**：股價在低檔過冷，可能往上。

要注意的是，上述僅供參考，技術分析不可能 100% 準確，而且 80、20 這兩個數值，只是用來說明過熱、過冷的現象，不

用侷限在數字上,採用相對高低點即可。

從圖表 4-4 可以看出,採用週 K「小於 20 買進,大於 80 賣出」,操作 00763U 的勝率還是很高的。由於銅價不會歸零,跌深就會反彈,所以我就善用理財型房貸,在低點時持續買進,但是理財型房貸的利率較高,所以當股價上漲時我會了結獲利,抽回資金再等待下一波進場的時機。

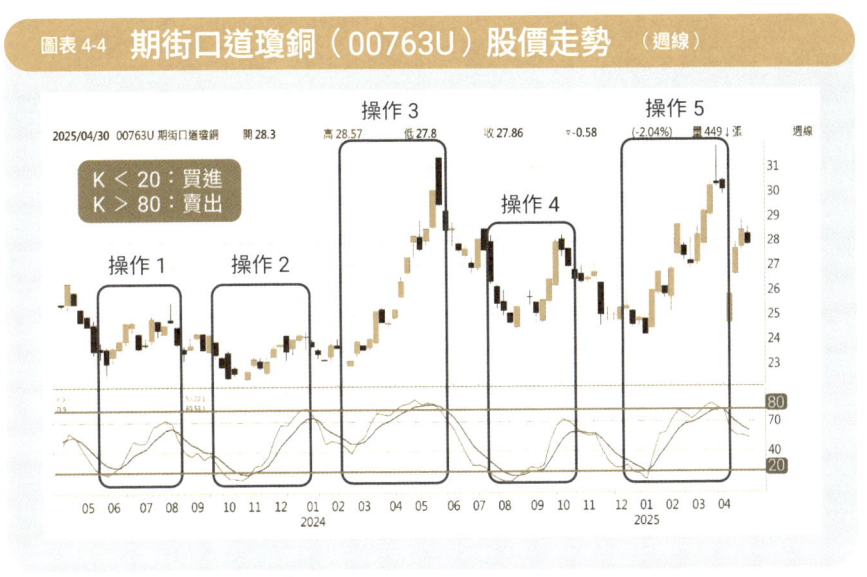

圖表 4-4　期街口道瓊銅(00763U)股價走勢 (週線)

資料來源:CM 法人投資決策系統,2023/4 ~ 2025/4

接著用實際股價驗證一下,從 2023 年 5 月,K 值低點開始,到 2025 年 3 月,K 值高點結束,總共操作了 5 次,總共賺到 19.5 元價差,總報酬率高達 82.4%(圖表 4-5)。

圖表 4-5　參考週 K 操作 00763U 的獲利　　單位：元

項目	操作 1	操作 2	操作 3	操作 4	操作 5	合計
K 值低點買進	23.05	22.51	23.17	24.68	24.19	—
K 值高點賣出	24.62	24.21	30.08	27.95	30.24	—
價差	1.57	1.7	6.91	3.27	6.05	19.5
報酬率	6.8%	7.6%	29.8%	13.2%	25%	82.4%

當然我們不是神仙，不可能每次都買在最低、賣在最高，但就算是半仙好了，一半的報酬率也高達 41.2%，還是挺不錯的。所以只要 00763U 的週 K 值在相對低點，我就會借理財型房貸買進，而當週 K 值在高點就了結獲利，這可是我在股市中提款的秘訣之一喔！

股災是機會 還是讓你賠光的那一刀？

「當大家貪婪時我要恐慌，當大家恐慌時我要貪婪。」是巴爺爺的名言，偏偏許多人都逆向而行，在股市高點樂觀地拚命買進，結果就是套在高點；而在股市重挫時卻悲觀地拚命減碼，然後又賣在低點。

2007 年 11 月，大盤站上 9,859 點的高點，投資人無不樂觀等待衝破萬點的大行情，沒想到金融海嘯突然席捲而至，2008 年 11 月大盤跌至 3,955 點，投資人紛紛停損出場（圖表 4-6）。

圖表 4-6　台股加權指數歷史走勢

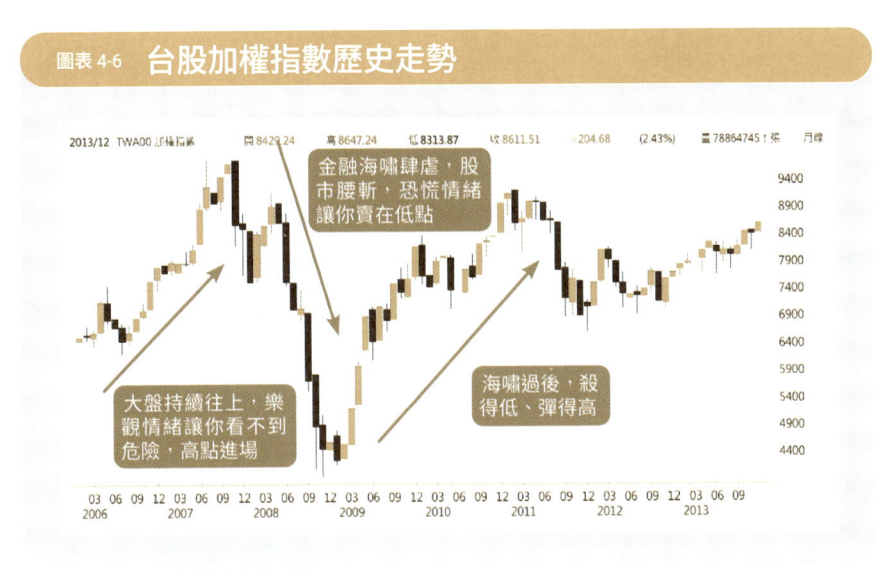

金融海嘯肆虐，股市腰斬，恐慌情緒讓你賣在低點

大盤持續往上，樂觀情緒讓你看不到危險，高點進場

海嘯過後，殺得低、彈得高

資料來源：CM 法人投資決策系統

請問你，同樣是台股大盤，9,859 點會比較危險，還是 3,955 點呢？當然是越便宜就越安全啊！

要知道，股災時受到集體恐慌情緒的影響，好股票也會被賣在低點，此時就是撿便宜的好時機。我當時勇敢借錢進場，也跟同事分享要把握機會，只可惜大家看著股價狂跌，紛紛叫我：「不要害他。」投資股票一定要理性，用情緒來主導投資，只會讓你忽略好公司的價值，因而錯失大行情。

那麼，在股災中要如何看出股票的價值？俗話說得好「人是英雄錢是膽」，在股災時除了要有錢、有膽，還要找到有價值的好股票。那麼，什麼是股票的價值？就是可以「幫你產生多少的現金」。

跨入21世紀後，傳統的CRT顯示器逐漸被LCD顯示器取代，而且需求是有增無減。我一開始跟著大家買進友達（2409）、華映（後來下市），但是因為廠商拼命擴產導致供過於求，LCD公司股價紛紛賠錢。我注意到每一台LCD顯示器都需要驅動IC，開始投資專精IC設計的聯詠，隨著LCD顯示器的普及，聯詠EPS逐年成長，是明顯的受惠股（圖表4-7）。

圖表 4-7 聯詠（3034）歷史獲利表現

年度	2001	2002	2003	2004	2005	2006	2007
EPS（元）	3.79	3.75	6.28	9	12.21	12.07	14.02

2008年初，我看著它的股價從170元滑落到125元附近，本益比僅8倍多，開始買進，沒想到在金融海嘯摧殘之下，2008年年底時聯詠最低股價僅剩下23.5元，真的嚇到我吃手手。這一役讓我體會到，沒有人買股票是穩賺不賠，重點是賠錢時要如何因應！

買到錯的股票 賣出停損

2020年爆發新冠疫情，各國紛紛封城、封港，導致汽車、貨櫃等產業的鋼鐵需求大減。2021年疫情逐漸解封，中鋼（2002）受惠經濟復甦，EPS暴增到4.02元，股價大漲1倍

到 46.75 元。當時我在粉絲團發文，提醒高價買進中鋼可能會住 20 年套房，不幸一語成讖。

2021 年獲利之所以爆衝，是因為要同時出貨 2020 年的延遲訂單，只能算是一次性的利多。曇花一現後，中鋼又面臨全球鋼鐵同業的殺價競爭，2025 年 5 月股價只剩下 21 元。鋼鐵業是標準的景氣循環股，萬一買在景氣的高峰時，一定要壯士斷腕。

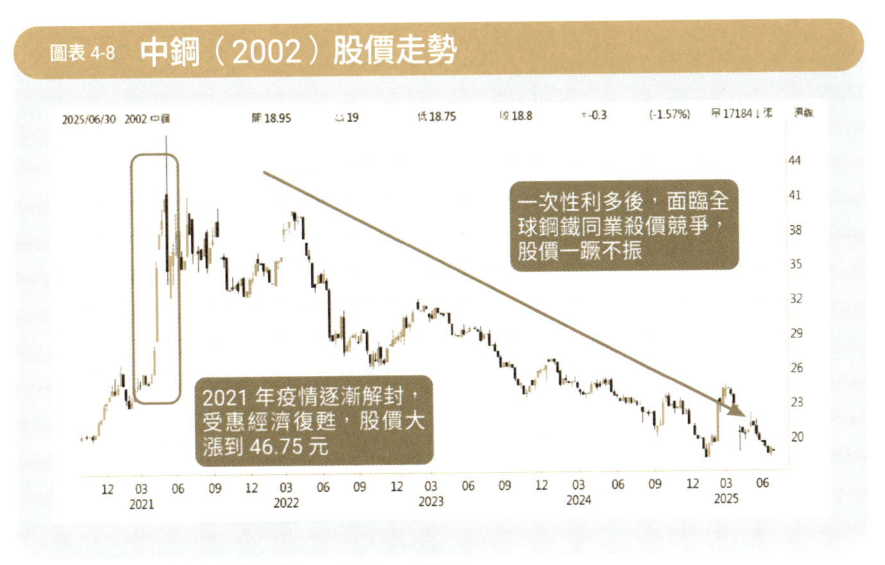

圖表 4-8　中鋼（2002）股價走勢

資料來源：CM 法人投資決策系統，2020/9 ～ 2025/6

▌好股票買在高點 加碼等待黎明

當景氣熱絡時，體質較差的公司一樣會賺錢，此時反而難以挑出好公司；能夠在股災時維持獲利，才是「患難見真情」的好

公司。2008年聯詠股價腰斬、腰斬再找零，跌到我懷疑人生！但我仔細觀察公司有持續在賺錢，股價下跌是受到全球股災影響，並非公司體質變差，所以不斷地往下加碼。

我一開始是在125元買進，一路往下加碼到股價跌破30元時，內心也開始懷疑要繼續買進嗎？我想著2008年景氣這麼差，聯詠都還有賺6塊錢，只要1年配5元，就算在30元買進，6年也就可以回本了，第7年起就淨賺，於是強壓內心的恐慌，持續加碼，最後證明對的事就是要堅持到底。

傳家私房筆記

慢慢變有錢真的比較快

有一次，亞馬遜的 CEO 貝佐斯問巴菲特：「你的投資方法非常簡單，就是買進好公司然後長期持有，為什麼大家學不會？」巴菲特慢條斯理地說：「因為他們不想要慢慢地變有錢，只想要快速獲利。」在我投資 10 幾年的聯詠後，我終於體會到股神說的「慢慢變有錢」。堅持長期投資好公司，就可以賺到 2 種錢：

- **股利**：就算聯詠買在 2008 年的 125 元，歷經中間跌破 30 元，持續抱到 2025 年可以領回 243.5 元股利；也就是你用 125 元的價格，買進了 243.5 元的價值。
- **價差**：由於聯詠獲利持續成長，股價節節上漲，2025 年 5 月股價達到 540 元，等於賺進了 540 － 125 ＝ 415 元的價差。

從上面的說明可以看出，就算是買在 125 元的高點，持有到 2025 年一樣賺進 243.5 元的股利跟 415 元的價差，如果買在股災最低的 23.5 元，當真是「開心得不得了」。投資的

重點在於估算股票的價值（股利＋價差），當「股價＜價值」時要勇敢買進。但是，一家公司能不能安穩賺 20 年？其實很難預估，所以要持續觀察產業的前景，以及公司的獲利狀況。

「成本」也是長期投資的重要因素，因為我在 2008 年時持續往下加碼，所以成本很低，加上不斷地領股利回來，目前已經是零成本了。零成本的股票我習慣「放生」，放著持續領息，然後忘記它的存在。

圖表 4-9　聯詠（3034）歷年獲利、股利表現　單位：元

獲利年度	EPS	股利	獲利年度	EPS	股利
2009	6.78	5	2017	8.26	7.1
2010	7.69	5.8	2018	10.5	8.8
2011	6.16	4.6	2019	13	10.5
2012	7.36	5.6	2020	19.4	15.6
2013	7.81	6	2021	63.9	51.5
2014	11.9	10	2022	46	37
2015	10.5	9	2023	38.3	32
2016	8.22	7	2024	33.43	28

在我漫長的投資生涯中，常常被「錢不夠用」所困擾，所以我努力研究理財型房貸、股票質借，來增加操作的資金。但是請你要切記，我們做的是投資，而不是賭博。借錢投資之前請把風險擺第一，不懂的商品不要碰。絕對不要把投資當成賭博，就算你運氣好贏了 10 次，只要賭輸 1 次就可能破產，請記得「十賭九輸」。

第 5 章
學會用股利打造現金流

我人生中最穩定的一筆收入,不是薪水,而是每年寄到家裡的那些股利通知單。從挑第一檔金融股開始,我就立定目標:打造可以撐起生活的現金流。這一章,是我靠穩定配息打造財務安全網的起點。

領股息到賺價差
金融股教會我的5件事

在我年輕時的 1990 年代，投資股票都是以電子股為主，台積電（2330）在我的投資組合中超過 8 成。打破這個慣性的原因是 2008 年發生金融海嘯，台積電股價從高點的 69.8 元，一路下殺到 36.4 元，鴻海（2317）更是從 300 元滑落到 50 元出頭，看著腰斬再腰斬的電子股表現，心生恐懼的我決定要分散投資，於是把目標轉向台股第二大族群的金融股，自此開啟了我的金融股之旅。

我從 2008 年開始存中信金（2891），到 2025 年時累積領回破千萬的股利，價差的獲利也超過千萬，表面上看起來是不錯，但是如果 2008 年時我持續買進便宜的台積電，獲利肯定會更豐厚。雖然說這是事後諸葛，因為如果存到宏達電（2498）

會更慘，但這也讓我開始思考「分散投資」這4個字，

找出投資節奏 金融股讓你遊山玩水

金融股那麼多檔，為什麼我挑中信金？就是生活投資術啊！中信金的股票代號是2891，我家電話開頭是2891XXX，我對2891早已日久生情……以上純屬巧合（哈哈）！

其實是我曾經看過一篇報導，有位大戶專門操作中信金，他習慣在相對低點時買進上萬張股票，如果股價不漲，就領股利來遊山玩水，等到幾年後股價上漲，他就在高點獲利出場，價差賺進了數千萬元，又可以開始遊山玩水，然後等股價下跌再來買回。看完這篇報導後，我腦袋裡只有「遊山玩水」這4個字，但是這種操作法真的可行嗎？來看看中信金過去的股價走勢圖（圖表5-1）。

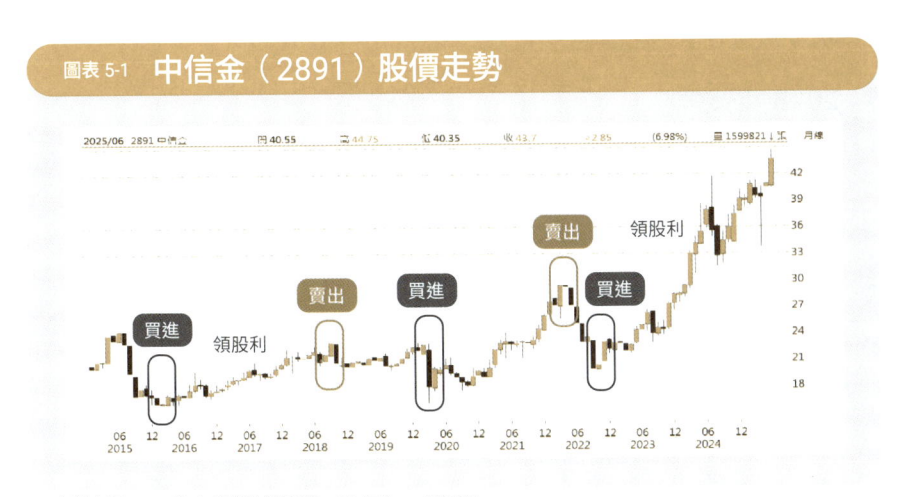

圖表5-1 中信金（2891）股價走勢

資料來源：CM法人投資決策系統，2015/1～2025/7

▌2016 年買進

當時受到中國股災影響,中信金股價一路下滑跌破 15 元,此時便開始慢慢布局買進 1 萬張,假設買進的均價是 16 元。

▌2017～2018 年領股利

2017～2018 年這 2 年中信金分別配發 1 元跟 1.08 元現金股利,用買進的成本 16 元計算,殖利率分別為 6.25% 跟 6.75%,還算不錯,抱著安穩領股利,每年領到千萬現金股利來遊山玩水。

▌2018 年賣出

2018 年 9 月股價最高來到 23 元,當年配發 1.08 元現金股利,此時殖利率 1.08÷23 = 4.69 %,算是偏低,表示股價偏高,可以趁機賣出。由於 2016 年買進成本僅 16 元,每股賺到 23 － 16 = 7 元價差,1 萬張就是 7 千萬元,不怕賣光股票沒有股利領,而讓收入減少,靠價差一樣遊山玩水。

▌2020 年買進

由於爆發新冠疫情,中信金快速重挫到 16.05 元,趁重大利空時買回 1 萬張,假設買進的均價為 17 元。

▌2020～2021 年領股利

2020～2021 年這 2 年分別配發 1 元跟 1.05 元現金股利,用買進的成本 17 元計算,殖利率分別為 5.88% 與 6.18%,繼續存股年領千萬股利來遊山玩水。

2022 年初賣出

2022 年 2 月時俄烏戰爭開打，3 月起美國大幅升息，對股市都是不利的因素，4 月中信金股價最高來到 30.95 元，假設在 30 元出清，每股賺進 30 － 17 ＝ 13 元價差，1 萬張就賺到 1.3 億元，遊山玩水去。

2022 年底買進

2022 年美國大幅升息 17 碼（4.25%），導致台股大盤重挫 3 成。但是大幅升息算是一次性利空，不可能每年都升息 17 碼，10 月時中信金股價最低為 19.45 元，機不可失，在 20 元買回 1 萬張。2023、2024 年一樣年領千萬股利來遊山玩水，2025 年 5 月股價已經站上 43 元，帳面價差高達 2.3 億元。

圖表 5-2 低進領股利、高出賺價差累積報酬

年度	2017	2018	2019	2020	2021	2022	2023	2024
現金股利（元）	1	1.08	1	1	1.05	1.25	1	1.8
股利金額（萬）	1,000	1,080	1,000	1,000	1,050	1,250	1,000	1,800
EPS（元）	1.91	1.85	2.16	2.15	2.73	1.55	2.82	3.64

學習富人方法 小資族也能養出金雞母

看完有錢人操作中信金的故事後，你也想要跟著遊山玩水嗎？先一起來學習有錢人的智慧。

▌挑一家好公司

中信金是國內金融業龍頭，虧損倒閉的機率很低，所以有錢人敢一次買個 1 萬張，就算不幸被套住，大不了放著領股利。

▌把握股災的時機

當發生重大事件（例如中國股災、新冠疫情、俄烏戰爭、大幅升息），股市動盪時都提供撿便宜的機會，此時一定要勇敢進場。

▌用殖利率判斷

股災時買進中信金會得到 6% 左右的殖利率，可以抱著領股利等反彈。當股價過高，殖利率下滑到 4% 左右時，領股利的回報並不高，此時可以考慮賣出賺價差。

▌獲利＋配息穩定

2017～2022 年間，中信金 EPS 都在 2 元上下，股價也多在 20 元上下震盪，「獲利、配息」穩定的股票，股價通常會在區間盤整（例如中華電、統一超），可以低進高出賺價差。

▌獲利成長要抱牢

獲利成長的公司，股價會有向上的動能，此時不要輕易做價差，以免賣出後股價又一路往上。2022 年底中信金低點僅 19.45 元，但是隨著 EPS 逐年成長，股價在 2025 年突破 44 元，1 股賺到 24 元的資本利得，獲利絕對勝過頻繁低進高出的「價差」。

原來有錢人的投資方法，就是簡單的「挑一家好公司，領股利、賺價差、遊山玩水」。秉持著「有為者亦若是」的精神，我也依樣畫葫蘆來投資中信金，有錢人一次買 1 萬張，資金不多的我就先買個 100 張吧！2008 年看到中信金股價從 25 元往下跌，我在 23 元附近開始買進。我的運氣很好，沒多久就碰上全球金融大海嘯，股價一路往下溜滑梯到 7.9 元，真的是深不見底！

當時我冷靜評估，認為金融海嘯是國際因素，中信金股價大跌並非是公司治理不善，況且中信金是國內的消費金融龍頭，除了 2006 年虧損之外，公司一直維持穩定獲利，有賺錢的公司怎麼會倒閉？於是我告訴自己不要恐慌，持續往下加碼來增加張數並降低成本。可惜我的資金並不雄厚，只能 5 張、5 張的往下買，例如 20 元買 5 張、18 元買 5 張……幸好我敢往下加碼，才養了中信金這隻金雞母。

想在股市上天堂 先學會在股災撿便宜

2008 年金融海嘯時我選擇加碼，但每次股災來時都可以這樣做嗎？人性，往往是影響投資的最重要因素，我聽過一句名言：「每個人都想上天堂，卻沒有人想死」，你不死要怎麼上天堂？在股市也是一樣，大家都想要買便宜股票，但是股災時看到股價

「天天都便宜」，不僅嚇到不敢加碼，更是恨不得馬上停損出清。請仔細想一想，**股災大跌時不敢買，股市熱絡時又拚命追高價，你怎麼會有錢？**

我的想法不同，我買股票可不是為了「停損」，既然在高點敢買，為什麼便宜時反而不敢買呢？不過也不是每支股票都可以往下一直買，加碼之前要先做好分析。

▍是否為一次性利空

2008 年金融海嘯是國際因素，而且是一次性的，這時候絕對不要停損手中的好股票，而是要把握機會逢低加碼。當時的金融股首當其衝，中信金跌到 7.9 元、玉山金（2884）跌到 6.23 元、兆豐金（2886）跌到 7.82 元，看到這些數字我現在真的很想要捶心肝！如果以當時便宜的價格買進，每年領 1 塊多的股利，用這些便宜的成本計算，殖利率將近 20%，要是當時有錢買進 1 萬張，可以領一輩子股利來遊山玩水了。

▍前景有沒有變差

如果股價下跌是因為產業前景改變，或是公司競爭力變差，就要提早壯士斷腕來止血。曾經是股王的益通（3452），於 2006 年 3 月掛牌，挾著太陽電池需求榮景，股價快速攀上 1,205 元高峰，榮登股王寶座，可是從 2009 年起連續虧損 10 年，最後慘澹下市，讓投資人回本無望。

「穩中求勝」是我的投資心法，金融股大到很難倒閉、有賺錢也有配息，只要做好分散投資，算是很適合的投資標的。但是，我們想要的是賺更多，所以當股災來臨，股價跳樓大拍賣時，千萬不可以缺席，只要買得夠便宜，想輸真的很難。趁著股災用力買，這是我從金融股學到的第一堂課。

上班族為薪水加班 投資人用股利分紅

金融海嘯很快地在 2009 年結束，中信金的獲利迅速恢復，但是股價大多在 10 幾元盤整，我維持有紀律地買進，加上公司大方配發股票股利，在 2015 年時我已經累積到 300 張。當年中信金配發 0.81 元現金、0.81 元股票，我的 300 張可以領到 24.3 萬元現金，以及 24.3 張配股，如果用當時 20 元股價計算，我總共領到 24.3 萬＋（20 元 ×24.3 張）＝ 72.9 萬元。

持有股票就是擁有公司的一部分，2015 年中信金的南港總部落成，有一天晚上我騎著腳踏車過去視察，看著辦公大樓還是燈火通明，員工都還在認真幫我賺錢，內心不禁有一點暗爽，就拍照上傳到我「不敗教主－陳重銘」粉絲團，說明投資股票領取被動收入，就不用像員工一樣辛苦加班賺主動收入。

結果有網友說我這樣是「不公不義」，基層員工辛苦 1 年領到的薪水，還比不上我的股利收入。什麼叫做公平正義？我過去

教過的學生中，有的人英文厲害、有的數學很強、有的體育很好，但也有學生是通通都不厲害的，怎麼不怪老天爺「不公不義」呢！不管學生厲害還是不厲害，我給他們的考卷都一樣，這就是公平了。

有人天生長得很帥，也有長得很抱歉的；有人爽當富二代，有人卻是「負」二代，你還覺得人生有公平嗎？唯一的公平正義就是「遊戲規則」，我回覆那個網友說：「你也可以努力存300張玉山金的股票，然後騎腳踏車到玉山金總部，感謝員工幫你賺錢啊！是不是好過在這邊酸我？」

我不是看不起辛苦工作的人，我也當了25年的上班族，我知道靠勞力賺錢很累，所以更想分享被動收入的重要性。也有酸民嗆我：「你以前是老師，應該要教導大家腳踏實地的工作，而不是一直說錢會從天上掉下來，根本是在誤導年輕人的價值觀。」

我反問他，上班族努力工作、加班，老闆有把多賺的錢分給你嗎？結果還不是「董事長買豪宅，董娘買珠寶，少爺買超跑，公主買包包？」然後他就不理我了，因為我講的是實話。自由經濟最大的問題，就是財富掌握在少數人的手中，因為大多數人只知道靠勞力賺錢，卻不曉得用投資的方式當股東來分一杯羹。**擁有正確的投資理財知識，比辛苦工作一輩子還要有用。**

不要只會領股利 金融股也有套利節奏

我存了 10 多年的金融股後，隨著股利越領越多，所得稅也越繳越多，於是開始思考如何合法節稅。我觀察到金融股的股價走勢，其實也有一套劇本，如果可以順勢操作賺價差，比領股利還要賺更多，而且價差還不用繳稅。拿中信金來當案例說明：

圖表 5-3　中信金（2891）股價表現慣性

資料來源：CM 法人投資決策系統，2023/1～2025/1

▌年初：公告獲利

反映前一年獲利，當獲利好時可以加碼。2024 年中信金 EPS 高達 3.64 元，消息在 2025 年 1 月 10 日公告時股價為 38.55 元，2025 年 5 月時股價已經達到 43 元。

▌4月:公告股利

金融股通常在4月附近召開董事會,並公告股利,如果股利金額誘人就會激勵股價。2025年4月25日中信金公告配發2.3元現金股利,創20年新高,股價隨即由當天的36.95元,在5月20日上漲到43.35元,不到1個月漲幅高達17.3%。

▌7月:除息前

「愛領股利」是台灣人的傳統美德,金融股通常是在7月除息,想要領股利的追價買盤可能拉抬行情,股利配得越高,股價往往也追得越高。2024年中信金配發1.8元現金股利,2024年7月11日除息前股價最高來到41.7元。如果用2024年初的31.15元計算,漲幅高達33.9%。

▌8～9月:除息後

除息前股價往往漲過頭,但是除息後欠缺股利的誘因,加上獲利了結的賣壓,反而會讓股價往下沉淪。如果可以善用人性,人取我棄、人棄我取,會不會賺更多?

圖表5-4 中信金除權息後股價表現　單位:元

年度	2020	2021	2022	2023	2024
除息前股價	21	23.1	27	26.7	41.7
除息後股價	17.5	21.05	21.75	22.8	31.5
價差	3.5	2.05	5.25	3.9	10.2
股利	1	1.05	1.25	1	1.8

從圖表 5-4 可以看出，除息前大家搶進時我賣出，除息後大家賣出時我買進，價差的獲利會遠勝股利。其實觀察其他金融股，例如兆豐金、玉山金……一樣可以採取相同的策略，並獲得比股利更高的報酬。

在我存中信金的十幾年中，不斷地有網友提醒我：兆豐金的股利比較多、玉山金有配股比較好，所以我存錯了嗎？「愛領股利」是台灣投資人的特點，但是不知道你有沒有想過，股利是從哪裡來的？當然是公司的獲利啊！當公司的獲利越高，配息的本錢也就越雄厚。從圖表 5-5 可以看出，中信金獲利的成長率最高，所以這才是我挑選它的主要原因。

每個上班族都希望年年加薪，挑選金融股一樣要找獲利成長的，我在 2008 年買進中信金時，當年的稅後淨利僅 147 億元，但是 2024 年已經賺到 720.28 億元，股價也從 10 幾元漲到 40 幾元，可以說是股利跟價差兩頭賺。**挑選獲利成長的股票長期投資，這是我從金融股學到的第二堂課。**

圖表 5-5　3 家金融股歷年稅後淨利表現　單位：億元

年度	2016	2017	2018	2019	2020	2021	2022	2023	2024	年均成長率
中信金	279	372	360	429	429	542	313	561	720	12.6%
兆豐金	225	257	281	290	250	257	183	332	348	5.6%
玉山金	131	148	171	201	180	206	158	217	261	9%

壽險金控不適合存 跟著景氣循環賺價差

中信金屬於消費金融型金控公司,在「金融股」範疇中還有一種是壽險金控公司,舉例來說,國泰金(2882)是我最近幾年很喜歡操作的一檔股票,馬上來看一下股價走勢(圖表5-6),股價往往會告訴我們許多重點。

- **長期投資不迷人**:如果在 2015 年 5 月 55 元買進,長期持有到 2025 年 5 月,股價又回到 55 元,表示沒有賺到資本利得。
- **股利不迷人**:最近幾年平均殖利率僅 4.5%,根據 72 法則,需要投資 72÷4.5 = 16(年),資產才會翻 1 倍。

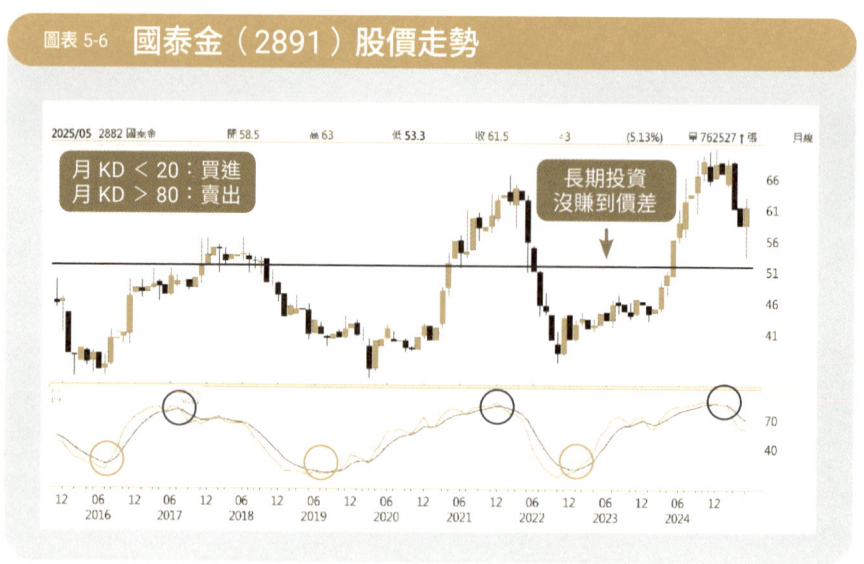

圖表 5-6　國泰金(2891)股價走勢

資料來源:CM 法人投資決策系統,2016/1～2025/5

圖表 5-7 國泰金（2882）歷年殖利率表現

年度	2018	2019	2020	2021	2022	2023	2024	平均
年均價（元）	42.5	39.8	53.4	51	44.2	57.9	62.9	50.2
殖利率（％）	3.53	5.02	4.68	6.86	2.04	3.46	5.57	4.5

從國泰金股價走勢可以明顯看出是「上有鍋蓋、下有鐵板」，主要原因是壽險金控公司通常獲利會隨著聯準會的利率波動，呈現景氣循環的態勢，這種股票最好是順著景氣循環──景氣低點買進、景氣高峰賣出，做價差會比較好。

那麼要怎樣觀察景氣呢？現今的股票資訊完全公開，在效率市場的運作下，股價會自然反映利多跟利空消息。由於景氣循環是比較長的週期，所以我主要是參考月 KD 指標。

2022 年底因為美國暴力升息，10 月時國泰金的月 K 值僅 10.96，我便在 38 元處買進 50 張，然後在 2024 年底月 K 值超過 80、股價來到 70 元時獲利了結，投資 2 年價差加上股利的報酬率是 92%，年平均報酬率為 38.6%，是不是高過領股利的 4.5%？

講到了國泰金讓我回想起一件往事，2014 年時有位同事，女兒出生後就幫她買了國泰人壽的儲蓄險，每年繳 5 萬元、6 年總共繳 30 萬元，然後在小孩 30 歲時大約可以領回 60 萬元，同事說：「就當做是給小孩的嫁妝」，真是個好爸爸，規劃到小孩 30 歲。

當時我跟他說投資國泰金的股票可以賺更多，結果他跟我說不敢買股票，因為怕變成壁紙。我聽了有點感慨，你敢買國泰的保險商品，卻不敢買國泰的股票？其實在通膨的荼毒下，30 年後 60 萬元的購買力，搞不好還輸給現在的 30 萬元。

想要避開通膨的傷害，就要把錢放在正確的地方，你當國泰的客戶買保單，繳保費等於是提供資金去幫它去賺錢，還不如當它的股東，讓公司來幫你賺錢。國泰金是壽險金控龍頭，幾乎不可能倒閉，所以等到下次月 K 值在低點時，我還是會用力買進，然後在月 KD 高峰時獲利出場。**善用景氣循環來做價差，除了不用繳稅還可以賺更多，這是我在金融股學到的第三堂課。**

用股利錢滾錢 打造財富成長曲線

1988 年，王傑推出〈你是我胸口永遠的痛〉，這首歌紅遍了整個亞洲；如今台灣高漲的房價，也成為上班族胸口永遠的痛。有時候我真的很好奇，明明到處都在蓋房子，而且出生率逐年下滑，照理說供給會大於需求，怎麼房價還是漲不停？要跳脫思維啊，其實不是人在買房子，而是「錢」在買房子，那麼錢從哪裡來？當然是股市！

2025 年上市櫃公司總共發放 2.23 兆元現金股利，股市不停地撒錢出來，而且還越灑越多，台灣這個小島的錢就越來越多，

錢也就會越來越不值錢。有錢人想要抗通膨，持續買進稀有保值的房地產，副作用就是會帶動房價高漲。有錢人靠股利買房輕輕鬆鬆，可是上班族卻只能靠房貸。從圖表 5-8 可以看出，2020 年因為疫情而大幅降息，房貸增幅更是有如脫韁的野馬，2024 年底房貸餘額突破 11 兆元，貸款買房幾乎成為全民運動。

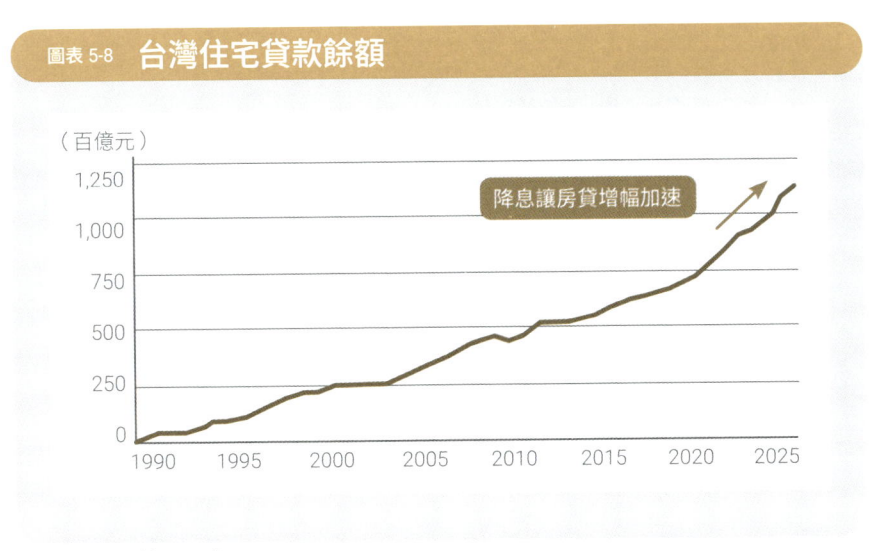

圖表 5-8　台灣住宅貸款餘額

資料來源：財經 M 平方

　　經濟就是錢的流動，**當 11 兆元這麼龐大的現金在挪動時，就會有人受害或是受益，差別在於錢是流出還是流進你的口袋。**銀行的資金來自於存款戶，主要分成定存跟活存 2 種，2025 年 5 月定存利率為 1.715%，活存則是 0.835%，平均是 1.278%，這是銀行所付出的成本；同期間公股銀行房貸利率為 2.264%，

銀行可以從房貸賺到 2.264% － 1.278% = 0.986% 的利差，用 11 兆計算就是 1,084.6 億元。

看到了嗎？每年有 1,084.6 億元的錢，從房貸族的口袋流出去，然後流進銀行的口袋中，我當然選擇買進金融股來當股東啊。圖表 5-9 列出 2025 年我主要的金控持股，總共約可以拿到 500 萬元股利，請問我還會擔心沒有錢繳房貸嗎？

圖表 5-9　主要金控持股 2025 年可以領的股利

公司	張數	現金股利（元）	股票股利（元）	配發現金（萬元）	配股張數	配股價值＊（萬元）	股利總值（萬元）
中信金	693	2.3	0	159.4	0	0	159.39
凱基	1,807	0.85	0.1	153.6	18.1	28.9	182.51
台企	473	0.2	0.6	9.5	28.4	39.7	49.19
元大	438	1.55	0.3	67.9	13.1	36.8	104.68

＊：配股價值為預估值

有人看了我持有幾千張金融股，就問我怎麼這麼有錢？其實我是善用資源，1,807 張的凱基金（2883）都是借錢買的。

2022 年底美國大幅升息，壽險金控因為債券的未實現損失，淨值下滑導致股價重挫，凱基金的月 K 值也到了 20 以下，我開始進場布局。2023 年難得地不配息，導致股價在低點盤整，年底時月 K 又再次低於 20，我便借了房貸持續大量買進，不知不覺中買了 1,807 張，平均成本約 12 塊多，以 2025 年初 18 塊多

的股價計算，帳面上的獲利高達 1,000 萬元。在適當的時機借錢買進，是我在金融股學到的第四堂課。

我一再強調「借錢投資要注意風險」，重點在注意：本金安全，穩定繳息。

- **本金安全**：凱基金從 2007 年起年年賺錢，又是屬於「大到不會倒」的金融公司，我的本金被歸零的機率很低。
- **穩定繳息**：最近幾年配息介於 0.5～1 元之間，就算只有配 0.5 元，以我的成本計算的殖利率也有 4%，夠我繳 2% 多的貸款利息。萬一發生 2023 年不配息的狀況（極少見），我也可以賣股票繳利息。
- **長期抗戰**：因為領股利繳貸款利息還有剩，還會產生一點現金流，這樣就可以長期持有，只要耐心等待，總有一天會大漲讓我賺得飽飽的。

以上分享幾支我常操作的金融股，一法通、萬法通，也適用在其他金融股。投資股票貴精不貴多，李小龍說過一句名言：「我不怕會 1 萬種踢法的人，我只怕把 1 種踢法練 1 萬遍的人！」

金融股可以長期存股，努力累積張數領股利；當然也可以積極一點，順勢做價差會賺更多；最進階的方法，就是股災借錢買

進低價股。存股的方法最為簡單,每個人都可以做到,花時間堅持存股就對了。至於做價差跟借錢投資,則是要看自己的操作功力,牽扯到資金跟心理強度,不是每個人都做得到的。

投資沒有最好的方法,只有最適合自己的方法。**先了解自己適合哪種方法,再不斷地練習到極致,**是我從金融股學到的第五堂課。

傳家私房筆記

看懂毛利率多賺好幾倍

受到 2008 年金融海嘯的洗禮，我為了分散電子股的風險，改去布局金融股，付出的代價就是台積電的高報酬也被「分散」掉了。

原來追求投資穩定需要付出代價，這是我最大的體會。年輕時我為了追求安穩而選擇到公立高職教書，付出的代價就是「薪水也很穩定」，不像我一些同學到科學園區打拚，薪水有很大的成長空間。

來反省一下，當初我為什麼不敢繼續加碼台積電？首先，台積電以前的股價很無聊，2002～2011 年大多在 60 元附近盤整，然後每年領個 3 元左右的股利，當時的我也無法預測未來 AI 行情會爆發，讓台積電獲利大增，股價衝破千元大關。

失敗不能當作藉口，而是要從中學習經驗。年輕時我覺得台積電很好，但是「很好」要怎樣量化？「股價」是反映經營的績效，而企業經營的重點是銷售商品來賺錢。毛利＝營收－營業成本，毛利率＝毛利÷營收，透過毛利

率就可以量化成本與收入的關係。

儘管台積電 2001～2009 年的股價很無聊，但是平均毛利率依然有 40.5%，也就是每賣出 100 元的商品，可以賺到 40.5 元的毛利，還是挺不錯的。金融海嘯後的 2010～2019 年，台積電毛利率持續上升到 48.33%，可以看出公司的商品極具競爭力，客戶願意抱著大把現金來購買，這時候後的台積電不僅要抱牢，更應該要持續加碼。

2020 年因為疫情帶動居家上班上課，導致 3C 產品需求大增，台積電的產能供不應求，毛利率也扶搖直上，加上 2023 年 AI 崛起，全球供不應求的大量訂單催著台積電在美國、日本、德國、台灣持續擴廠，2024 年第 4 季的毛利率更攀上 59 % 的高峰，股價也攻上 1,100 元。可惜我年輕時不懂毛利率，不然現在資產應該可以多好幾倍。

第6章
靠ETF擴散持股範圍

當選股變得越來越複雜,我開始尋找更簡單的方法。ETF像是一個自動選股機,讓我能安心分散風險、持續累積資產。這一章,是我從「選股人」走向「資產配置者」的開始。

ETF看似被動
更需要主動選擇

以前我都在學校游泳,自從2019年9月離職後,改到北投運動中心游泳。過去游的都是溫水泳池,隨著年紀漸長,我想要藉由冬泳來鍛鍊身體,所以到圓山聯誼會辦了會員,那裡有50公尺長、5公尺深的冷水游泳池。

每次游完泳後就會肚子餓,那麼要吃什麼呢?最方便就是去吃圓山飯店的buffet,各種菜色應有盡有,想吃什麼就拿,唯一的缺點是會胖。投資股票也是一樣,股市中存在許多變數,也不是每個人都有時間跟能力進行研究,對於不懂(知道自己不懂,就不會亂買)或是沒時間研究的人,可以借助ETF來同時買進一籃子的股票。

什麼是ETF?簡單來說就是「可以當作股票買賣的基金」,

主要分為主動型跟被動型兩大類。

主動型 ETF：經理人操盤 勝負看實力

台灣在 2025 年以前發行的 ETF 都是被動式 ETF，2025 年第 2 季，主動型 ETF 粉墨登場，特點是由基金經理人主動選股，基金名稱會標註「主動式」，證券編碼第 6 碼為 A，例如 00982A（群益台灣精選強棒主動型 ETF 基金）。為什麼要推出主動型 ETF？回顧一下 2023 年，AI 議題開始引爆，相關概念股的廣達（2382）、緯創（3231）、英業達（2356）、技嘉（2376）……紛紛出現翻倍行情。

由於台灣的好公司就那麼幾間，加上被動型 ETF 越發越多，指數邏輯又大同小異，結果 ETF 持股的重複性過高，「同漲同跌」的情況日益普遍，股市變得不甚健全。因此主管機關開始解封主動型 ETF 這項商品，讓投資人有不同選擇。

圖表 6-1 被動式、主動型 ETF 的差別

ETF 類型	被動式 ETF	主動型 ETF
追蹤指數	有	沒有
經理人	不選股	主動選股
更換成分股	定期	隨時
基金管理費率	低	較高
人為影響	極低	高

以下來看看主動型 ETF 的特點：

▌特點 1：降低重複性

主動型 ETF 是由經理人主動選股，可以避開被動型 ETF 成分股重疊性過高的困擾。

▌特點 2：機動性高

一般被動型 ETF 通常半年或 1 年才更換成分股，無法對最新局勢做出立即的修正。主動型 ETF 的優勢在於靈活性，一旦發生重大事件，可以根據最新市場狀況，立即調整持股來趨吉避凶。

▌特點 3：避免爛股拖累績效

2021 年台化（1326）股價最高為 95.5 元，後來股價一路溜滑梯，但是因為市值夠大仍停留在元大台灣 50（0050）裡面，直到 2025 年股價跌破 30 元才被剔除，但是這段期間就影響到 0050 的績效表現。如果是主動型 ETF，經理人可以在第一時間剔除，馬上停損。

▌特點 4：經理費較高

被動型 ETF 因為是追蹤指數，經理人不選股，所以經理費較低。主動型 ETF 必須要有團隊來研究，所以經理費較高，不過如果主動型 ETF 的報酬率可以高過被動型 ETF，不需要糾結於一點點的經理費差距。

特點 5：績效受經理人影響

主動型 ETF 經理人在追求超額報酬的同時，也可能出現較大的虧損。

由於主動型 ETF 的績效受人為影響很大，投資人在挑選時要注意「團隊」跟「明星經理人」兩個重點。如果一家投信過去推出的基金表現都很不錯，表示有優秀的研究團隊可以信賴；另外，主動型 ETF 的經理人如果曾擔任基金經理人，也可以查看過去表現是否穩定且戰功彪炳。當然啦，持續穩定且勝過大盤的報酬，才是理想的主動型 ETF。

被動型 ETF：持股分散 卻可能權重失衡

前面提到，台灣 2025 年以前發行的 ETF 都是被動型 ETF，特點是經理人不選股，目的是將「人為」影響降到最低，被動型 ETF 該買進哪些成分股，每一檔占比多高就是由 ETF 追蹤的「指數」來決定。拿圖表 6-1 來簡單說明，「台灣 50 指數」是由證交所跟富時公司共同編製，然後授權給元大投信的 0050，以及富邦投信的富邦台 50（006208）。

ETF 的特性是同時持有一籃子股票，跟有幾十道菜色的包肥餐（buffet）很像。用餐之前，首先要挑包肥餐的主題，像是日式、西式、中式……接著就要看主菜是牛排、螃蟹還是龍蝦，同

樣地，買進 ETF 之前一樣要先了解 ETF 的投資主題，像是市值型、高股息型、科技型……然後還要觀察前幾大成分股。被動型 ETF 又可以概分為「市值型」與「高股息型」，先來說明市值型的特點。

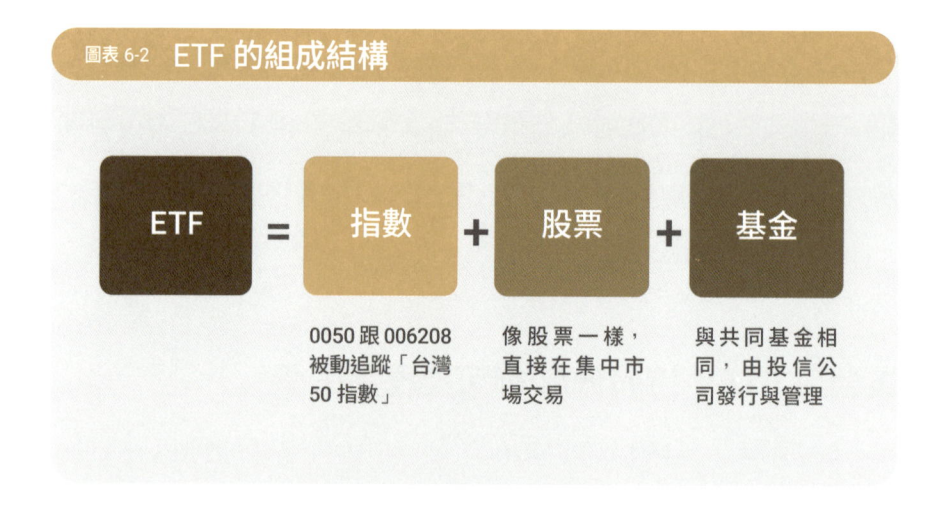

圖表 6-2　ETF 的組成結構

ETF ＝ 指數 ＋ 股票 ＋ 基金

- 指數：0050 跟 006208 被動追蹤「台灣 50 指數」
- 股票：像股票一樣，直接在集中市場交易
- 基金：與共同基金相同，由投信公司發行與管理

特點 1：以市值挑選成分股

用市值大小排序挑選市值大的公司，例如「台灣 50 指數」就是挑選台灣市值前 50 大的公司來當成分股。

特點 2：權重依市值而定

市值越大，權重就越高。圖 6-3 表列出 2025 年 4 月時 0050 的前 5 大成分股，由於台積電（2330）的市值超級大，所以占據了 56.12% 的權重，如果你花 100 萬元投資 0050，等於

有 56.12 萬元是買進台積電、5.14 萬元買聯發科（2454）、4.33 萬元買鴻海（2317）⋯⋯

圖表 6-3　0050 前 5 大成分股

股票代號	股票名稱	權重
2330	台積電	56.12%
2454	聯發科	5.14%
2317	鴻海	4.33%
2308	台達電	1.85%
2881	富邦金	1.76%

資料日期：2025/4/30

0050 最大的問題是「用市值選股」，因為市值大的公司不一定賺錢，所以新一代的 ETF 會改用「最近 4 季 EPS ＞ 0」來選股。再來問題是沒有設定單一成分股的權重上限，2003 年 0050 持有台積電 15.7%，2025 年 7 月 31 日台積電權重已高達 59.36%，所以 0050 股價走勢跟台積電是「亦步亦趨」。

那麼台積電好，還是 0050 比較好？有人覺得台積電是單一個股比較危險，0050 有 50 支成分股可以分散風險，其實也不一定對，來用「數字」討論一下吧。

假設台積電漲停，會帶動 0050 上漲 5.612%（10% 漲幅

×56.12%權重），如果其他49檔跌停（總權重為43.88%），會帶動0050下跌4.388%（10%跌幅×43.88%權重），最後0050依然會上漲1.224%，台積電發揮出制衡其他49檔的效果。

同樣地，假設台積電跌停，會帶動0050下跌5.612%，就算其他49檔都漲停也只會貢獻4.388%，結果0050依然下跌1.224%，除非其他49檔可以上漲12.79%，才可以平均掉台積電跌停的影響，但是別忘了台股有10%漲跌停的限制，不會在同一日出現12.79%的漲幅。

其實，要是連最強的台積電都跌停，其他49檔不跌停就偷笑了，哪還敢指望漲停？2025年4月7日台積電跌停，0050慘吞跌停板，其他49檔成分股一樣趴在地板上。

從上面的分析可以看出，0050是「成也台積，敗也台積」。從邏輯上來看，如果你不看好台積電，那麼連0050也不要買，因為裡面有近6成是台積電。如果你看好0050，一定會希望台積電上漲，那麼為何不乾脆買台積電，還會賺更多？提醒你，0050不是一家公司，績效全靠50檔成分股的表現，過去因為台積電大漲4,829.9%，才帶動0050上漲853.8%（圖表6-4），沒有台積電就沒有0050的好報酬，因果關係一定要清楚喔！

圖表 6-4 台積電（2330）vs 0050 還原權息累計報酬

（%）

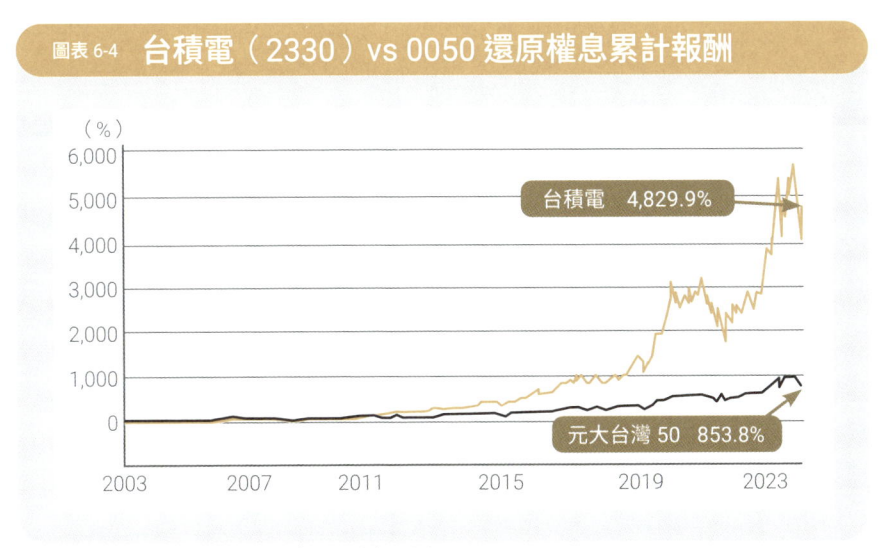

台積電　4,829.9%

元大台灣 50　853.8%

2003　2007　2011　2015　2019　2023

資料來源：CMoney，2003/6/6（0050 上市以來）～2025/5/2

ETF 也要分散 選對指數才有未來

2025 年初 0050 推出 2 項變革，首先是將原本 0.32% 的經理費，調降到 0.1%，這點對投資人有利。接著又進行「1 拆 4」的分割計畫，原始的 1 股會變成 4 股，那麼投資人賺到了嗎？想像一下你把 1 瓶可樂倒進 4 個杯子，可樂會增加嗎？「1 拆 4」其實只是數學遊戲，分拆前後的總價值不變，如果你原始持有 1 張 16 萬元的 0050，分拆後你會得到 4 張 4 萬元的 0050。

既然總價值不變，為什麼要進行分拆？就是投信為了「吸睛」啊，分割後的股價變便宜了，同樣的錢可以買進更多張，心理上的爽度增加了。再來可以讓投資人產生幻想，0050 在 2003 年以

36.98元發行，在2025年股價站上了200元大關，如今分割回去40元附近，將來有機會再漲到200元？這個難度有點高啊！

首先，2003年0050上市時，持有台積電權重為15.7%，2025年時台積電權重將近6成。只要台積電持續上漲，在0050裡面的權重也會不斷攀升，0050會越來越像台積電。此外，台積電過去是小公司，股價可以從2003年的60元，上漲到2025年的破千元，如果0050要維持相同的漲幅，台積電未來20年要上漲到破萬元，你覺得有可能嗎？如果覺得有可能，記得要先買台積電。

其次，2003年時台股上市股票總市值12兆元，2025年則是到達74兆元，增加了5倍多，跟0050這段期間的市值漲幅大約相同。如果0050要再維持「20年漲5倍」的報酬率，表示台股上市股票總市值要達到350兆元，這應該是不可能的事情。

所以，不要作著0050分割之後股價可以漲回200元的美夢，從台積電的股價跟台股市值來分析，0050要維持過去20年漲幅的難度頗高。其實0050在2020年以前，定期定額的年化報酬率僅5.19%，是因為2020年後台積電股價狂飆，順帶拉升了0050的報酬率。

0050最大的問題是成分股分散不均，既然有將近6成是台積電，以獲利為目的的投資人還不如買報酬率更高的台積電。

ETF的重點在「分散」兩字，2006年金管會規定ETF的單一持股「權重不得超過30%」，就是要避免過度集中的問題。但是因為台積電市值持續增加，2025年又修正成：「其成分股所占指數市值比重，上限得由現行30%提高至該股票占加權股價指數之比重。」

選擇被動型ETF的重點在於「指數」，一定要了解指數的設計方法，0050是在20多年前推出，當時的背景普遍認為「大就是好」，已經不符合現在的投資主軸。以下拿國泰台灣科技龍頭（00881）來當範例做比較：

- **分散性**：從圖表6-5可以看出00881的台積電權重，比0050少了近26%。也就是說，00881可以多分出26%的權重給其他的好公司，分散性當然更佳。
- **獲利性**：0050是用市值選股，市值高不一定賺錢。00881用「近4季累積EPS＞0」挑選有賺錢的公司，就是指數在進化。

圖表6-5　00881 vs 0050 前5大成分股比較　單位：%

	股票名稱	台積電	聯發科	鴻海	台達電	廣達
00881	權重	30.49	12.7	11.62	4.85	4.49
	股票名稱	台積電	聯發科	鴻海	台達電	富邦金
0050	權重	56.12	5.14	4.33	1.85	1.76

資料時間：2025/4

- **產業配置**：0050用市值選股，所以會選中塑化、鋼鐵、水泥⋯⋯這些獲利不穩定，但是市值又很高的傳統產業。台灣最強的還是科技電子業，00881專注在科技類股，囊括30檔電子龍頭股，更能掌握未來的產業趨勢。

2003年推出的0050，算是第一代市值型ETF，只用市值來選股，缺點是過度集中在台積電。第二代的市值型ETF，開始強調「分散性」，而且是挑選「有賺錢」的公司，就會避開「市值大，但並不一定賺錢」的陷阱。

高股息ETF：別只看配息 總報酬才是核心

大家都知道巴菲特很有錢，但是你可能不知道，股神巴菲特的波克夏公司，1毛股利都不配，這又是為什麼？如果你是股神巴菲特，波克夏配給自己100億美元的股利雖然很開心，但是國稅局馬上要課稅30億美元，你還笑得出來嗎？還不如把股利放在公司，拿去賺更多錢，股價上漲反而賺更多。

看看波克夏A股（BRK.A）的股價走勢（圖表6-6），從1984年的1股1,300美元，大漲到2025年的81萬美元，巴爺爺雖然沒有領到股利，但是價差卻賺得盆滿缽滿，而且還不用繳稅！

0050推出幾年後，投資人慢慢發現一個問題，就是「殖利

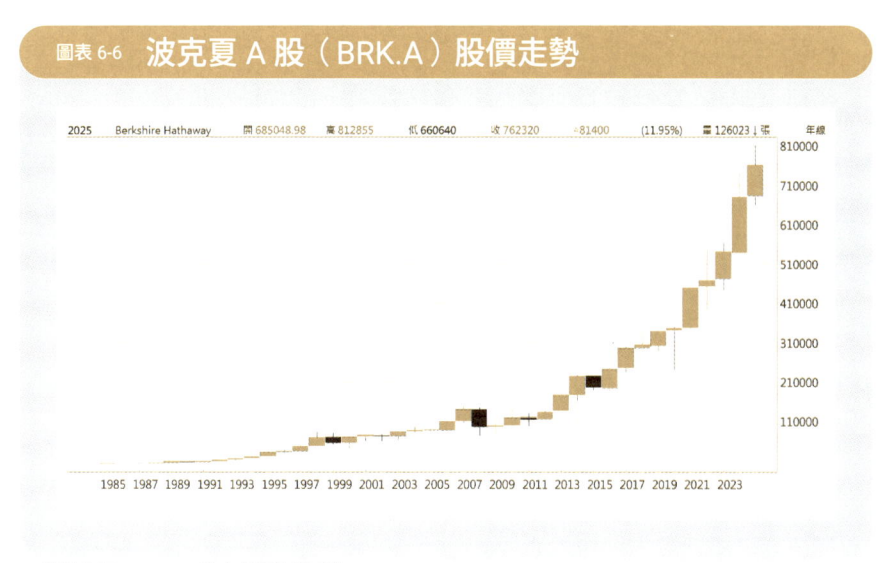

圖表 6-6 波克夏 A 股（BRK.A）股價走勢

資料來源：CMoney 法人投資決策系統，1985/1～2025/7

率不高」，因為第一大成分股是台積電，台積電的配息又不優，投資人需要殖利率更高的高股息 ETF！2019 年我推出《我用一檔 ETF 存自己的 18%》，整本書拿元大高股息（0056）當範例，講解高股息 ETF 的投資重點，當時我覺得 0056 最好。但是隨著新的 ETF 不斷推出，我也產生了不同的看法，先來簡述一下 0056 指數的特點：

圖表 6-7 元大高股息（0056）基本資料

追蹤指數	成分股	成分股調整	配息頻率	經理費	保管費
臺灣高股息指數	50 檔	6、12 月	季配息	0.3%	0.035%

- **選股範圍**：由台灣上市前 150 大市值股票，挑選未來 1 年「預測現金股利殖利率最高的 50 檔股票」作為成分股。
- **權重**：以現金殖利率來決定成分股的權重，殖利率越高，權重就越高。

0056 的特點是採用「預測法」，預測就代表可能準確、也可能不準，那麼還有其他不同的指數設計嗎？

有一所巴菲特中學，想要派 3 名學生出國比賽數學，第一個方法就是所有數學老師集合起來，一起預測哪 3 個學生最有機會得獎，這是由老師主觀去預測。另一種方法則是看看最近幾次數學考試的成績，從中挑出表現最好的 3 個學生，只看學生實力，完全排除人為的預測，國泰永續高股息（00878）的指數邏輯正是如此。

圖表 6-8　國泰永續高股息（00878）基本資料

追蹤指數	成分股	成分股調整	配息頻率	經理費	保管費
MSCI 臺灣 ESG 永續高股息精選 30 指數	30 檔	5、11 月	季配息	0.25%	0.03%

- **選股範圍**：以 MSCI 臺灣指數為基本選樣範圍，篩選 MSCI ESG 評級為 BB（含）以上且 MSCI ESG 爭議分數達 3 分（含）以上的個股。

- **股利分數**：股利分數計算方式＝（近 12 個月年化股息殖利率 ×0.25）＋（近 3 年平均年化股息殖利率 ×0.75），從這個公式可以看出，指數是挑選過去 1 年跟 3 年股息殖利率較高的公司。
- **權重**：依股利分數排序取前 30 檔，並以殖利率來決定成分股的權重。

0056 的預測法「可能準，也可能不準」，00878 是採用過去法，但「過去又不代表未來」，那麼到底誰比較好？當你感到迷惘時，建議你回到原點——為什麼要買 ETF？就是不想選股，怕自己「預測」錯誤！「人為預測」是影響投資的未知變數，我喜歡將不確定性排除，然後讓好公司用自己的業績說話，所以我是比較偏好 00878。再來用數字說話：

圖表 6-9　0056 與 00878 績效比較

ETF	配息報酬（％）	資本利得（％）	總報酬（％）	資產規模（億）
0056	57.27	10.46	67.73	4,309
00878	46.71	34.01	80.72	4,305

資料來源：CMoney，2020/7/20 ～ 2025/5/2

0056 的配息報酬比較高，表示發股利很大方；但是在資本利得方面，則是 00878 勝出。總報酬＝配息報酬＋資本利得，

也是 00878 領先，主要原因還是指數的設計是讓「好公司說話」，再來也可能是 0056 配息太多惹的禍。當然啦，00878 較低的經理費用，也是不可忽視的優點。

羊毛出自哪裡？當然是羊身上。現在高股息 ETF 競爭激烈，所以卯起勁來配息，但是你有想過嗎？你在領股利時，其實是不斷地拿回投資的錢，如果是在上漲的趨勢中，你投資的錢越來越少，當然報酬率也就越差了！來看看下面的計算，假設每年上漲 10%：

- **配息 1 元**：第 1 年股價會成長為 100×（1 + 10%）= 110 元，配息 1 元後變成 110 − 1 = 109 元，以此類推，第 5 年股價為 154.9 元，並拿回 5 元股利，總資產為 159.95 元。
- **配息 2 元**：第 1 年股價為 100×（1 + 10%）− 2 = 108 元，第 5 年總資產為 158.84 元，比配息 1 元還要少。
- **不配息**：總資產為 161.05 元，反而最高（圖表 6-10）！

圖表 6-10 **配息 vs 不配息資產變化**　　單位：元

配息金額	股價	第 1 年	第 2 年	第 3 年	第 4 年	第 5 年	領回股利	總資產
配息 1 元	100	109	118.9	129.8	141.8	154.9	5	159.95
配息 2 元	100	108	116.8	126.5	137.1	148.8	10	158.84
不配息	100	110.0	121.0	133.1	146.4	161.1	0	161.05

再仔細想一下，為什麼巴菲特不配股利？因為在上漲行情時，配股利反而會降低報酬率。**投資高股息 ETF 之前，要先了解指數的選股邏輯，然後挑選「總報酬率」高者**，股利高不一定最好，因為不一定會填息。此外，領到的股利要繳稅，資本利得卻完全不用繳稅。

所以我喜歡股利少，但是總報酬率高的 ETF，看看上市僅 4 年多的 00878，規模跟 0056 差不多，報酬率還可以打敗 0056，就是掌握這些特點。當然又有人會說，我領到股利再買回不就好了，這個做法雖然是不錯，只是你領到股利要繳所得稅，買進時又要付出交易費，一樣會降低報酬率，還不如完全不配息。

高股息 vs 市值型 依年齡採不同策略

我家住在北投，附近有漢來海港台北天母 SOGO 店，有時候我會過去打打牙祭，不輸古代皇帝吃的滿漢全席，但是吃久了也會膩，就要到旭集、饗食天堂、欣葉日本料理去換換口味。投資 ETF 也一樣，指數的選股有侷限性，成分股大多只有 30～50 檔，代表性並不夠完整，所以要搭配不同類型的 ETF。

▌市值搭配高股息

一般來說高股息 ETF 都沒有台積電，市值型的幾乎都

有台積電，同時擁有市值型跟高股息的 ETF，投資布局會更完整。

■ **指數互補性**

0056 是預測法，預測可能不準；00878 採用過去法，過去又不代表未來。同時投資 0056 跟 00878，指數就是「未來＋過去」，具有互補性。

■ **不能無腦投資**

以前的 ETF 不多，買進 0050 跟 0056 長期投資就可以了。但是現在 ETF 是百花齊放，指數也不斷地優化，必須持續學習了解新 ETF 的特點，才能夠得到更佳的報酬率。在長期投資的過程中，只要每年多個幾 % 的報酬率，累積下來會很可觀。時代在改變，投資腦袋也要不斷地優化。

最後要請讀者記住：沒有最好的投資，只有最適合自己的策略，所以不要跟著別人買股票。資產 1 億元的大戶，拿去全買高股息 ETF，每年領 6% 股利也有 600 萬元，夠他遊山玩水享受人生；只有 100 萬元的小資族，1 年領 6 萬元股利可以改變未來嗎？還是要多配置一些波動較大，但是報酬也較高的市值型 ETF？我的建議是年長、資本雄厚、不喜歡波動太大的投資人，可以多配置一些高股息 ETF；年輕、小資、風險承受度高的朋友，不妨多配置一些市值型的 ETF。

月月配息是賣點 報酬讓人月月嘆氣

從前的股票跟 ETF 都是年配息，但是投資人一領到錢後，有的人開心花錢活得跟皇帝一樣；然而一不小心把錢花光後，又活得跟乞丐一樣。年配息顯然不適合無法規劃資金的人，00878 是第一檔季配息的股票型 ETF，1 年配 4 次息的規劃，很適合孩子兩學期的學費與生活費，之後有不少 ETF 開始跟進，甚至是推出月配息，但是有比較好嗎？

▍錢不會變多

把原來 1 年的股利，分散到 4 季或是 12 個月發放，其實配息金額的總數並不會增加。你跟老闆商量把薪水改成每週領取，難道會加薪嗎？

▍健保補充保費

建保補充保費目前的門檻是「單筆 2 萬元，超過就課徵 2.11%」，這樣看來月配息最有利，可以領 12 次 1.999 萬元股利，總共 23.9988 萬元都不用繳補充保費。如果是年領，則需要繳交 23.9988 萬 ×2.11% ＝ 5,064 元的健保補充保費。

▍降低長期報酬

月配息就是每個月拿回你投資的錢，一定會降低長期的投資報酬率，除非你是每個月有需要現金流的退休族，不然月配息不一定適合你。

2023～2024年間，台灣高股息ETF有點氾濫成災，為了吸引投資人的關注，各家業者拚命地拉高股利，甚至將年化配息率拉高到20%，但是成分股有可能配這麼多股利嗎？提醒一下投資人，股利並非穩賺，也有可能是領到股利卻賠價差，高配息只是投信施展的幻術，只有報酬率才是真實的。

在台灣高股息ETF的發行史中，元大台灣價值高息（00940）絕對值得記上一筆，「10元低價好入手，月月領息好開心。」優秀的行銷帶動投資人的搶購風潮，有人解百萬定存、或是拿房產抵押來申購，買不到的還在營業大廳拚命罵人，搞到央行總裁提醒投資人小心「羊群效應」。

儘管如此，00940申購時達到1,752億元的規模！但是因為持續破發（跌破發行價），也被市場貼上「巨嬰」的標籤，大家都在問，股價什麼時候回到10元的發行價？

什麼是羊群效應？羊群效應也稱為從眾效應，泛指投資人在做決策時，並非依據自己獨立的分析和判斷，而是受到大多數人的影響，盲目跟從市場主流觀點。一隻牧羊犬可以帶領幾百隻羊，就是羊群效應，羊群只會跟著前面走，完全無法自己判斷。

00940上市前，資料記載所追蹤的臺灣價值高息指數，「過去回測」平均殖利率高達8.6%，但為什麼投資人是看得到而吃不到？因為指數是回測過去5年的結果，2019年時大盤指數還

不到 1 萬點，回測出來的殖利率自然就會比較高。然而在 2024 年 4 月 1 日上市的 00940，大盤已經達到 2 萬多點，上漲 1 倍之後怎麼可能維持過去的高殖利率？請記住，過去的數據都是「僅供參考」！

既然指數回測殖利率是 8.6%，用 10 元發行價計算，1 年總共配發 0.86 元，平均每月配發 0.072 元。然而 2025 年 1～5 月，每股配息僅 0.03 元，買 1 張 00940 只能領到 30 元股利，扣掉銀行 10 元匯費只剩下 20 元，你真的有像廣告文案說的「月月領息好開心」嗎？

此外，「10 元低價好入手」也是另一個糖衣。早期的 0056 是用 25 元發行，後來 00878、00919……改用 15 元發行，接著 00940 大膽用 10 元發行。為何一直往下調降？因為申購期間最少要買 1 張，低價可以吸引小資族進場。其實低價只是數字遊戲，15 元申購 2 張跟 10 元申購 3 張，總價值依然不變啊！低價只是吸引投資人的小把戲，偏偏還是有很多人買單。

破解 4 大幻術 別跟風湊熱鬧

請記住，投信要的是規模越大越好，這樣他們可以收到越多的經理費，所以一定是把產品設計到讓你口水直流！其實，過去 5 年的股票表現都有數據可查，設計一檔新 ETF 時，「指數回測」

的報酬率跟殖利率，都高到嚇死你才有吸引力。在傷腦筋要不要申購新上市 ETF 之前，要先了解指數中的「幻術」。

▋ 幻術 1：回測的高報酬

新發行的 ETF 在上市前會先公告前 10 大成分股，一定要留意一下裡面的組成。00940 上市前公告的指數成分股，第一大的長榮（2603）權重高達 9.2%，看到這個數字就要小心了。因為 00940 標榜高股息，理論上成分股的權重會比較平均，總共 50 檔成分股，平均 1 檔應該是 2%，但是第一大的長榮卻占了 9.2%，為什麼？

來看一下指數回測的 5 年（2019～2023 年），長榮漲幅高達 956%，前幾大成分股的聯電（2303）跟聯發科（2454），也都有不錯的漲幅。這些數據都是大家都知道的事，將它們納入指數成分股再去「回測」，特別是報酬率最高的長榮，給予最高的權重，指數「過去回測」的報酬率，就會漂亮得不得了。

圖表 6-11　**00940 上市前主要成分股表現**

00940 上市前指數成分股	長榮	聯電	聯發科
上市前指數權重（%）	9.2	3.3	2.6
2019 年均價（元）	12.6	13.3	330
2023 年均價（元）	133	48.8	765
股價漲幅（%）	956	267	132

幻術 2：回測的高殖利率

再來看一下指數回測的 2023 年，長榮除息前殖利率高達 45.2%，光是這一檔貢獻給 00940 的殖利率就高達 4.15%（9.2% 權重 ×45.2% 殖利率），難怪「指數回測」的殖利率，要多漂亮就有多漂亮。

可是，00940 在 2024 年上市後，長榮、聯電、聯發科的股利都縮水，長榮股利更是從 70 元大幅縮水到 10 元，這就應了我一直強調的「過去永遠僅供參考」。其實，長榮當時有 45.2% 的殖利率，明眼人一看就知道不可能天天過年的。

圖表 6-12　00940 上市後主要成分股表現

00940 指數成分股		長榮	聯電	聯發科
上市前	指數權重（%）	9.2	3.3	2.6
2023	除息前殖利率（%）	45.2	6.8	9.7
	回測時股利（元）	70	3.6	76
2024	上市後股利（元）	10	3	55

幻術 3：看得到卻吃不到

00940 是在 2024 年 4 月 1 日上市，所以成分股的建倉時間應該是在 3 月底，當時長榮股價已經達到 170 元，有可能再如同「指數回測」期間大漲 956% 嗎？當時聯電股價逾 50 元，有

可能再漲267%嗎？所以指數「過去的」高報酬跟高殖利率，投資人是「看得到卻吃不到」。

00940在上市後，股價持續破發，2025年4月最低僅7.32元，追根究柢就是上市時成分股的股價都在高點啊！請注意，投資股票要看未來，回測只是「過去」的表現，這就是幻術。

■ 幻術4：上市後即換股

陳老師以前是教書的，如果我全班50個學生，平均成績是全校第一名，但是新學期開始，校長把我班上換掉21個學生，我還有把握維持全校第一嗎？00940會在每年的5月、11月調整成分股，2024年4月1日上市後，隨即在2024年5月17日公告調整成分股，一口氣更換了21檔，幅度高達42%，有點面目全非的感覺，所以過去指數回測的高報酬，真的是「僅供參考」了！

以上只是說明指數回測的幻術，當一檔ETF要上市前，市場上一定會有很多的討論，不要踏進「羊群效應」的陷阱。

被動型ETF就是追蹤指數，上市前的指數回測有可能「先射箭，再畫靶」，上市後就拚命換股，你一定要了解其中的幻術。如何不被幻術左右？答案還是看指數的選股邏輯，例如00878是挑選「過去1～3年的高配息股」，要連續看公司3年的配息表現，不會只看1年，就可以避開成分股「去年配70元，今年配10元」的陷阱了。

00940 每月配 0.03 元，投資人真的很心酸，那麼配息有可能增加嗎？大家都聽過一句警語：「基金配息之來源，可能來自本金。」先來看一下它的淨值組成：

- **收益平準金**：新申購投資者提撥的錢。
- **資本平準金**：已實現及未實現的資本損益。

這些專業名詞看得很頭暈嗎？你可以把 ETF 的淨值想像成大水庫，發行價格就是水庫一開始的水位，成分股每年發放的股利，以及換股時賺到的價差，就會讓水位（最新淨值）上升；但是往後的配息也是從這個大水庫中拿出來，會造成水位下滑，而且配得越多水位下滑就越快。其實如果不配息，留在水庫中的水也還是你的。

圖表 6-13　00940 的淨值組成　單位：元

淨值日期	基本面額（A）	收益平準金（B）	資本平準金（C）	基金淨值（A＋B＋C）	股利
2024/9/4	10	0.35	－0.93	9.42	0.05
2024/11/6	10	0.24	－0.7	9.54	0.04
2025/4/9	10	0.1	－2.69	7.41	0.03

資料來源：元大投信官網

因為00940持續跌破發行價，沒有賺到資本利得，導致資本平準金是負值，無法配發資本利得；規模從2024年高點的1,900億元，大幅滑落到2025年初的1,200億元，也就無法發放收益平準金，所以00940只能夠配發成分股的股利收入。

台灣的除權息旺季為6～8月，00940會在這段期間大量收到成分股的配息，2024年9月5日可以大方配發0.05元股利。

但是9月以後幾乎沒有成分股在配息，只能靠過去累積的股利來配息，會越配越少，所以要省著用。2024年11月6日收益平準金縮水到0.24元，2025年4月9日剩下0.1元，每月只能配0.03元。

除非股價能站上10元的發行價，而且是越高越好，才有配發資本利得的空間，不然00940只能夠用收益平準金來配息，頂多是在除權息旺季時，多配發一點股利，2025年6、7月增加到0.04元，但是後面恐怕又要勒緊腰帶了。

傳家私房筆記

一直往下挖只會越陷越深

臉書上面有一個「00940 自救會」社群，有時候會看到投資人哀嘆：配息太少了、股價什麼時候回到 10 元、要出清了；也有人會說：堅持存下去，逢低加碼就對了，正反兩面意見，看得心很亂怎麼辦？我聽過一句名言：「如果你發現自己陷在洞裡面，就不要再往下挖了！」

來比較一下元大投信發行的 0056 跟台灣高息低波 ETF（00713），00940 上市後的報酬率跟 0056 差不多，但是 00713 卻又略勝一籌。00713 是一檔不錯的 ETF，從 2017 年 9 月 27 日上市，到 2025 年 5 月 2 日，累積了 174.92% 的報酬率，勝過 0056 的 125.41%。所以 00940 的朋友如果想要加碼，還不如把加碼的錢分散投資 00713，畢竟 00713 的「低波動、季配息」可以跟 00940 互補（圖表 6-14）。

此外，2025 年 5 月 2 日時 00713 還有 18.38 元的資本平準金，有足夠的實力維持穩定的配息。請記住，投資是為了賺錢，而不是要跟一檔股票「白頭偕老」，不然你只會少賺，然後又一直繳費給投信。

圖表 6-14　3 檔高股息 ETF 報酬比較

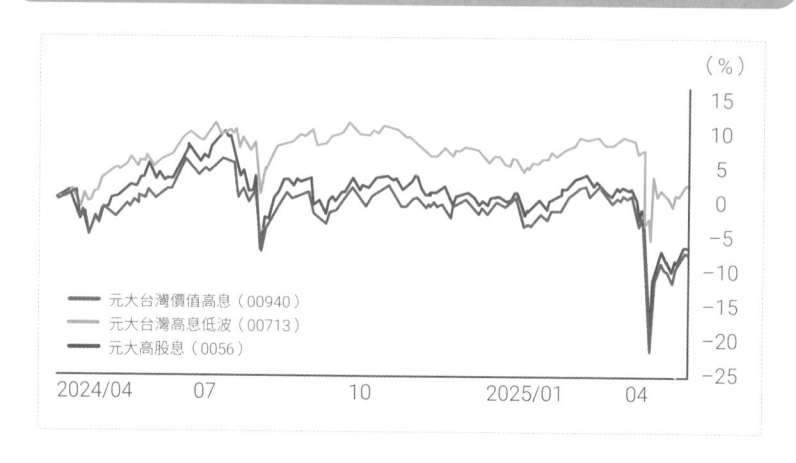

```
元大台灣價值高息（00940）
元大台灣高息低波（00713）
元大高股息（0056）
```

資料來源：MoneyDJ

　　本章拿幾檔 ETF，來說明市值型跟高股息型 ETF 的主要觀念，請注意投信設計一檔 ETF 要的是「好賣、規模大」，他們想要賺經理費；但是投資人你要的是「高報酬」，所以千萬不要墮入羊群效應的陷阱。高股息 ETF 還有「換股」這個變數，有些 ETF 甚至一次換掉 9 成的持股，這會增加評估的難度，所以建議投資人要做好「分散」，挑選幾檔指數有互補性的 ETF，存起來才會安穩。

第 6 章　靠 ETF 擴散持股範圍
ETF 看似被動 更需要主動選擇

第7章
離開職場換錢替我工作

我53歲時選擇主動離開教職，不是因為倦怠，而是想把更多時間與資源投資在自己身上。這不只是人生角色的轉換，也是財富策略的轉向——從追求資產成長，邁向穩定的現金流規劃。

富媽媽 窮媽媽

ETF互補存股法
退休金流滾起來

　　從我在 1994 年夏天開始上班,就一直夢想著 25 年後要離開職場,自由自在過退休生活,我覺得人生就是在追求「自由」。

　　我職場生涯的最後 18 年,都是在三重商工機械科教書,我還滿喜歡身邊圍著一群學生的日子,況且我還是當了 5 年的流浪教師,從台北跑到高師大修教育學分,千辛萬苦才考上正式老師,我非常珍惜。2018 年正是我踏入職場的第 25 年,可是我的公務員年資只有 20 年,還差 5 年才能辦理退休。

　　想達成年輕時的夢想,我只有離職一途,可是這樣我就沒有退休金,說真的有點難決定,幸好當時老天爺推了我一下。

不等體制放人 自己選擇退場時間

2018年9月,當時我是高三導師,帶學生參加畢業旅行,班上有3位學生繳不起5,200元的費用,我覺得畢業旅行算是人生大事,就借錢給他們,並約法三章,畢旅回來要好好讀書,不能曠課、遲到、不打掃,如果都做得到,可以等他們將來長大賺錢再還我,3個小孩都很篤定地說:好。

畢旅很快地結束了,但是有一個學生又故態復萌,經常曠課,不讀書也不打掃,多次開導後依然不改,我只好請他把畢旅的錢還我,結果,星期三他把錢還我,星期五我就收到教育局來函,家長去告我了!

當時我是有一點挫折,我是好心借錢給你,家長卻去告我……我問自己:「要把生命浪費在這種學生身上,還是投資在自己身上?」學校沒了我,會有比我年輕優秀的老師加入,當時我已經52歲了,還能再為自己打拚幾年?隔年6月學生畢業了,7月我遞出辭呈,結束了我5年流浪教師、18年正式教師的教書生涯。

讓我決定離職的第二個導火索,就是同事之間的相處。人跟人之間總有摩擦,這是職場的正常現象,特別是我在財經界混出名號,記者很喜歡跑到學校採訪,有同事在羨慕跟忌妒下,到處散布流言:「陳重銘上班都在炒股票,沒有認真教書。」碰到

這種事我只能啞巴吃黃蓮，但是天天跟這些人見面，辦公室也不大，還真的有一點痛苦。

我看過一個「5隻腳螞蟻」的故事：「從前從前，有一個螞蟻王國，裡面的螞蟻都只有5隻腳。5隻腳當然是左右不平衡，走路跟工作的效率就比較差。但是因為大家都只有5隻腳，也就不覺得有什麼奇怪。後來蟻窩生出了一隻有6隻腳的螞蟻（簡稱：小A），小A走路快、搬的重量又比別人多，漸漸地，螞蟻們發現小A的工作效率特別高，大家無法容忍小A比較優越，於是集合起來咬掉牠的一條腿，從此小A也變成了5隻腳。」

如果你是這隻6隻腳的螞蟻，你會選擇逃走？還是跟大家一樣變成5隻腳？「忌妒」跟「羨慕」是人的兩大情緒，可以幫助你上天堂，更可以讓你下地獄。

「郭台銘年領101億元股利」，看到這則新聞後，你會產生何種情緒？「忌妒」的人會說那是郭董運氣好，然後希望看到他破產，最後一無所有，可是你的財富也不會增加啊！「羨慕」的人則希望「自己也有」，這才是正向的動力。你一樣可以下定決心存鴻海（2317）的股票，然後你的股利也會從1萬元、10萬元、100萬元……逐漸地成長，真正的獲益者才是你自己。

我一直信奉：「當你越成功，就是對敵人最大的懲罰。」所

以我不在乎外人的酸言酸語,而是把他們當成「另類的貴人」,成為我持續前進的動力,我想要早點脫離他們,所以我更努力地投資股票賺錢。如今我早已財務自由,而那些「另類的貴人」都要工作到 65 歲才能退休,最後的贏家是誰呢?請記住,「跟豬打架只會搞到自己一身髒,然後豬又會很開心!」與其跟仇人生氣,還不如督促自己爭氣。

離開學校後我並沒有覺得惋惜,反而覺得自己像一隻井底的小青蛙,一步一步爬到了井口,看見外面的花花世界,我更想要裝上翅膀飛翔。以前我常常用:「只要有展翅的本事,就會有飛翔的空間。」來勉勵學生,現在我感謝自己不斷地學習,幫自己裝上投資理財的翅膀。

由於我是辦理離職,我並沒有退休金,沒關係,我可以自己賺,擺脫公務員的身份後,我未來的路更寬了。人首先要自助,然後人助、天助。在我提升了人生的高度之後,貴人出現在我身旁,離職後的 3 年內,知名作家吳淡如找我合作了 3 個線上課程,以及合寫了一本投資理財書,不但幫我賺到往後的退休金,更給我人生的新體會。

我終於了解到人為何要不斷地努力,成長後的我才有機會接觸到不同的人跟世界。原來,貴人是要靠自己爭取來的,老鷹是不會飛下來教毛毛蟲飛翔的。我如果為了退休金而一直待在學校

教書，永遠沒辦法飛得更高更遠。

3 類型股票 會拖垮退休帳戶

我的人生辛苦了一輩子，等到這本書出版時，陳老師虛歲也到了 60 歲，除了感嘆歲月不饒人之外，也要開始做退休的規劃。年輕時因為資產不多，想要快速累積資產，所以選擇「高報酬、高風險」的投資法，隨著年紀跟資產增長，我對於退休的投資理財，開始產生了不同的看法。

首先的體會就是「錢不是越多越好」，錢多了煩惱也會跟著增加。

2025 年 4 月川普提出對等關稅議題，引發全球股市劇烈動盪，4 月 7 日台股加權指數終場暴跌 2,065 點，當天 945 家上市公司跌停，創下史上最慘紀錄，到了 4 月 9 日總共重挫 3,906 點，跌幅高達 18.3%，我的股票總值也蒸發了幾千萬。

退休人士要的是「穩中求勝」，波動太大、暴漲暴跌的股票，可能讓你無法樂活退休。2024 年初因為 AI 伺服器的議題，鴻海（2317）股價一飛衝天，大漲超過 1 倍到 234.5 元，然而隨著川普拋出關稅議題，鴻海股價又腰斬到最低的 112.5 元，投資人宛如坐了一趟雲霄飛車（圖表 7-1）。

鴻海的股價或許還有機會再回到 2 字頭、甚至是 3 字頭，但

圖表 7-1　鴻海（2317）股價走勢

（圖中標示：大漲大跌，股價回到起漲點；2024 年 3 月；2025 年 4 月）

資料來源：CM 法人投資決策系統，2024/1～2025/6

是不知道需要多少年，對於年長的退休人士來說，時間並不是你的優勢。退休族的投資規劃應該以「安心」為主，不然碰到股價腰斬，不知道何時可以回本的壓力，會讓你一夕白頭。退休族需要的是穩定的現金流，因此有 3 種類型的股票，特別不適合放在退休規劃的名單裡：

類型 1：景氣循環股

　　景氣循環股的特性就是獲利不穩定──3 年不開張、開張吃 3 年。每年大家都很期待中鋼的股東會紀念品，可是你曾經想過嗎？如果一家公司無法拿出好的績效，只能用紀念品來吸引投

資人，這樣能算得上是好公司嗎？中鋼的獲利時好時壞，明顯呈現出景氣循環特性，儘管中鋼不會倒閉，不穩定的股利並不適合退休族（圖表 7-2）。

圖表 7-2 中鋼（2002）獲利與配息均不穩定　單位：元

年度	2018	2019	2020	2021	2022	2023	2024
EPS	1.58	0.57	0.05	4.02	1.15	0.11	0.13
股利	0.88	1	0.5	0.3	3.1	1	0.35

▌類型 2：長期虧損且無配息

曾經貴為股王的宏達電（2498），2013～2024 年僅有 2 年有獲利跟配息，不僅無法提供現金流，還要擔心股票變壁紙。

▌類型 3：道聽塗說

股市中爾虞我詐，聽到明牌千萬別高興太早，小心成為被倒貨的對象。記得在 2015 年，不少朋友跟我分享浩鼎（4174）這一支股票，說什麼新藥解盲後，公司的內在價值上看千元，市場資金也將股價炒上 700 多元，結果解盲失敗股價一路向下，2025 年 5 月剩下 30 幾元。

退休理財不用拚命 夠穩才走得長久

在 2020 年中，我一個同學找我幫他爸爸規劃投資，老人

家年輕時勤奮打拚，累積了不少身家，原先他打算重押在元大高股息（0056），由於當時國泰投信正在推出國泰永續高股息（00878），我跟他說明 0056 指數是「預測法」，00878 則是採用「過去法」，兩者的指數具有互補性，老人家認購了 1,000 張的 00878，並且買進 500 張 0056，買進的金額大約相同，就是在做分散配置。

然後老人家還買進了約 2,000 萬元的電信三雄（中華電、台灣大、遠傳），後來覺得 00878 績效表現不錯，於是用領回的股利再買了 200 張 00878。

老人家要的就是安穩，他知道 ETF 是同時持有一籃子的好公司，而且電信三雄更是民生必需產業，這樣的投資組合具有很強的防禦力，也讓倒閉變壁紙的機率接近零。就算是 2022 年因為美國大幅升息，台股大盤重挫 30%，老人家依然年領約 500 萬元股利，開開心心靠一堆好公司幫他養老。

只是看在我的眼裡，他的投資組合算是有點保守，所以建議他分散布局一些長期報酬率較高的股票，例如市值型 ETF、台積電（2330），但是老人家覺得就算再多賺幾倍，他已經 80 幾歲也花不完了，還是安穩領息最放心。

孔子說人生有三戒：「少戒色、壯戒鬥、老戒得」。我看過很多長輩經常為下一代擔心，煩惱小孩沒房子、沒股票、沒有好

富媽媽 窮媽媽

工作⋯⋯就算投資股票也想要「賺更多」來留給子孫,結果反而得失心太重,持續在股市中追高殺底,搞到自己無法清閒過日子,這就喪失了退休的意義了。

有時候我也在反省,自己年輕時堅持不敗家,努力省錢來投資,如今也累積了 9 位數的資產,是不是該享享清福了?如果還是執著要 10 位數、11 位數,就算真的達成目標,應該也老到吃不下、玩不動了?最後只是開心到下一代,落得我一輩子都在幫下一代打工的下場,值得嗎?年紀大了就是要「戒得」,夠用就好,兒孫自有兒孫福,留給他們太多財產,只會剝奪他們努力向上的意志。

留意 4 風險 打造樂齡生活

少子化會不會影響到老年退休?現在少子化很嚴重嗎?我阿嬤的時代是「生棒球隊」,我外婆真的生了 9 個,而我媽媽的時代則是「生籃球隊」,那麼現在呢?我是民國 55 年次的,當時 1 年的新生兒是 40 萬人,如今卻是 14 萬不到,少子化真的很恐怖。根據國發會的人口推估統計,台灣總人口將從 2024 年的 2,340 萬人,到 2070 年下滑至 1,497 萬人。

平均壽命延長,加上少子化影響,台灣也在 2025 年正式步入超高齡社會,65 歲以上老年人口占總人口比率達 20%。領退

休金的老人越活越久,但是賺錢繳稅的年輕人卻越來越少,你的退休生活還會安穩嗎?要注意 4 大老後風險:

▌通膨風險

記得我小時候看電視劇,裡面有一位富翁叫做「陳百萬」,那個時代有百萬就是有錢人了,如今千萬身家都只能算是中產。醫療進步讓你越活越久,一定要考慮到金錢的購買力會大幅下降。

▌長壽風險

民國初年台灣人平均壽命不到 40 歲,如今已經超過 80 歲。如果你的退休金只準備到 80 歲,等到你老了以後平均壽命增加到 90 歲,很可能發生晚年錢不夠用的窘境。

▌醫療風險

當然我希望大家都健健康康,但是年紀越大醫療費用也可能日漸增加,而且一些新型態的藥物或療法,未必有納入健保給付範圍。一旦生病,醫療費用就可能侵蝕退休金。

▌少子化風險

以前生育率高,可以幾個子女一起奉養父母。但是台灣 2023 年的總生育率為 0.865,婦女一生中平均生育不到 1 個孩子。少子化不僅增加子女的壓力,萬一子女不孝,更是退休生活的風險。

以前的時代是「養兒防老」,但是現在物價跟房價高漲,兒

女的生活壓力重,甚至要靠父母退休金的資助,變成「養老防兒」了!我都跟小孩開玩笑說,過去我養你們的恩情不用報答,但是我要跟你們一刀兩斷,以後缺錢時千萬不要來找我。其實,「久病床前無孝子」,真正最孝順的還是「股兒子」,努力存股打造股利現金流,你的退休生活才會安心有保障。

起步晚沒關係 開始最重要

投資靠的是一步一腳印,千萬不要幻想一步登天。如果你每個月扣除生活費後,只能夠拿出小錢來投資,先不要把目標訂在億元豪宅跟千萬跑車,當心「呷緊弄破碗」。建議你先把目標縮小一點,例如每個月可以多個幾萬元,拿來遊山玩水、享受美食,退休生活就會精彩很多。

記得要趁年輕時提前規劃,25 歲開始每個月投入 1 萬元,保守一點用平均 6% 的報酬率計算,到退休前可以投資 40 年,總共會累積到 1,917 萬元。每年領取 6% 的報酬就是 115 萬

圖表 7-3　退休規劃定期定額投資試算

每月投資金額（萬）	年均報酬率（%）	投資期間（年）	累積資產（萬）	退休後每月被動收入（萬）
1	6	40	1,917	9.6
2.5	6	20	1,139	5.7

說明:申購手續費用 1% 計算,配息持續滾入。

元，平均 1 個月增加 9.6 萬元的被動收入，你還怕退休金不夠用嗎？

如果你是從 45 歲開始規劃，每個月投資 2.5 萬元，退休後 1 個月也能增加 5.7 萬元。從上面的說明可以看出，只要你越早開始投資，就可以用小錢創造出更多的退休金。請記住，「太晚開始」是規劃退休的最大錯誤。

退休理財規劃，記得考慮通膨的影響。前面說的年化 6% 報酬率會很難嗎？只要長期投資 ETF 或是金融股，特別是在股災時加碼，應該是不難達到的！那麼在累積到退休金後，就可以每年安穩地提領 6% 來生活嗎？通膨跟長壽是要考量的兩個重點。

通膨會讓錢不夠用

物價每年上漲應該不是新聞了，如果存到 1,000 萬元股票，每年領 6% 也就是 60 萬元，在通膨率 2% 的作用下，第 10 年就要準備 71.7 萬元，第 30 年更是要 106.6 萬元，才能維持相同的生活品質。

圖表 7-4 通膨會導致生活費增加　　單位：萬元

年數	第 1 年	第 5 年	第 10 年	第 15 年	第 20 年	第 25 年	第 30 年
生活費	60	64.9	71.7	79.2	87.4	96.5	106.6

說明：假設通膨率為 2%

未來的通膨率是多少,我們不知道。唯一能做的就是「多存一些股票」,如果可以如前面說的存到 1,917 萬元股票,每年領 6% 也就是 115 萬元股利,剛退休時先省著點花,只拿 60 萬元來過生活,將剩下的 55 萬元繼續投資,你的股票資產也會持續增加,就能夠拿到更多的退休金,更不用擔心受到通膨的傷害。

▌健康是退休最大變數

退休生活最大的變數是「醫療」,我老媽一開始在石牌某醫院治療,醫生診斷是類風濕性關節炎,持續用類固醇藥物,但就是時好時壞,後來換到台北榮總檢查,確認是淋巴癌時已經過了黃金治療期。我要在此提醒讀者,老人家生病時不妨多看幾間大醫院,可以早點找出病因並及時治療。

老媽在榮總住院期間,因為健保病房太多人進出,導致持續地病毒感染,只好搬去住 1 天 8,000 元的單人病房,還要請 1 天 3,000 元的看護,標靶藥物更是 1 劑超過 40 萬元,前前後後花了數百萬元,幸好老媽存了很多股票,都是股利來買單。只可惜,再多錢也買不回健康。

高配息產品誘人 卻可能侵蝕退休金

存股票可以提供退休生活的保障,重點是你存對、存夠了嗎?網路上看到一篇文章,提到有一位已經退休的公務員,過

去努力存了 365 張 0056，等於每天有 1 張的股利來負擔退休生活費，讓他覺得很安心。一位財經作家評論說：「0056 在 2024 年總共配了 3.63 元股利，等於每天可以花費 3,630 元，對退休人士來說是非常夠用的。最重要的是，他依舊持有原來的 365 張 0056，甚至成為子女可以繼承的遺產。」

規劃退休金時最重要的是「穩定」，0056 經歷過眾多股災，穩定性沒問題。那麼能不能每年穩定發放 3.63 元，這才是重點，先看看 0056 過去的配息紀錄。

圖表 7-5　0056 歷年配息紀錄　　單位：元

年度	2013	2014	2015	2016	2017	2018	2019	2020	2021	2022	2023	2024
股利	0.85	1	1	1.3	0.95	1.45	1.8	1.6	1.8	2.1	2.2	3.63
備註	100% 股利所得（54C）					配發財產交易所得（76）						

- **股利所得（54C）**：0056 的 50 檔成分股所配發的股利，需要繳所得稅。
- **財產交易所得（76）**：成分股所賺到的價差，也就是資本利得，不用繳稅。
- **2017 年（含）以前**：配息大多是 1 元上下，而且是 100% 發放「股利所得（54C）」，那個時代 0056 可謂是一檔獨大，

富媽媽 窮媽媽

就算 1 年只有配 1 塊多，一樣有人買單。

- **2018 年後**：國內高股息 ETF 開始百花齊放，不少年化配息率超過 10%，0056 為了與之抗衡，開始配發「財產交易所得（76）」，年配息金額也一路拉升。

這裡先來認識一下「收益平準金」，小銘跟小華準備了披薩跟炸雞，打算在午休時大快朵頤，沒想到同事們紛紛聞香而至，披薩跟炸雞就被瓜分了。後來小銘跟小華學聰明了，在餐桌前豎立一個牌子，上面寫著：「歡迎一起聚餐，但請自帶披薩跟炸雞」。自己帶吃的來，就是收益平準金的概念了。

如果 0056 的配息太漂亮，除息前就會吸引投資人大舉買入，導致 0056 規模大幅成長，結果就會讓股利縮水（披薩跟炸雞不夠吃），為了保障投資人權益，讓原本持有 0056 的人股利不縮

圖表 7-6　ETF 配息的 3 大來源

項目	來源	穩定性	影響
股利所得	ETF 持有的公司發出的現金股利	最穩定	如果景氣不好、成分股減配，股利會變少
收益平準金	新申購投資人補上的公平配息用資金	中等	規模若沒成長、沒新申購，就沒得補
資本平準金	ETF 賣股獲利（已實現資本利得）或帳面價差轉進帳的錢	最不穩定	股市大跌會縮水，甚至變負，不能配息

水，投資人買進 0056 的錢之中，一部分會撥去當收益平準金，而當規模成長影響配息時，就會從收益平準金拿出一部分來配息（自己帶披薩跟炸雞），股利就不會被稀釋了。由於平準金就是投資人的錢，所以不用繳所得稅。

接著來看一下 0056 最近幾次配息的股利組成，已實現資本利得的平均比例高達 65.62%，股利所得卻僅占 13.95%（圖表 7-7），這樣正常嗎？

圖表 7-7　0056 近年股利組成　單位：%

配息月份	股利所得	收益平準金	已實現資本利得
2024 年 4 月	24.94	5.95	69.11
2024 年 7 月	18.97	26.92	54.11
2024 年 10 月	4.95	13.93	81.12
2025 年 1 月	6.92	34.95	58.13
平均	13.95	20.44	65.62

資料來源：證交所官網

- **股利所得**：這是 ETF 最穩定的收入，占比低不是好現象。
- **收益平準金**：當規模成長時才可以發放，但是 ETF 不可能無止境的成長，所以收益平準金並非穩定的股利來源。
- **已實現資本利得**：成分股所賺到的價差，一旦股市暴跌這些價

差可能縮水,而且依規定當 ETF 的淨值低於發行價時,不能發放資本利得。

在 3 項股利來源中,只有股利所得最穩定,所以 0056 在 2017(含)年以前的配息是 100% 股利所得,雖然只配發 1 塊多,這是最正常的。後來為了跟其他高股息 ETF 競爭,只好加發資本平準金中的資本利得,再加上規模成長時帶來的收益平準金,但這 2 項股利來源並不穩定,也可能發不出來。羊毛出在羊身上,ETF 的股利是來自淨值,接著從元大投信的官網,抓一下 0056 的淨值組成(圖表 7-8)。

圖表 7-8 0056 淨值組成　單位:元

淨值日期	基本面額(A)	收益平準金(B)	資本平準金(C)	基金淨值(A+B+C)
2024/6/21	25	4.74	12.08	41.82
2025/5/29	25	4.1	4.88	33.98
備註	不變	-0.64	-7.2	-7.84

資料來源:證交所官網

看看 2 個時間點,2024 年 6 月 21 日時 0056 還有 12.08 元的資本平準金,2025 年 5 月 29 日只剩下 4.88 元,減少的 7.2

元中有一部分是拿來配息給投資人,也就是前面說的「財產交易所得(76)」,另一部分則是成分股下跌造成的損失。2024年6月21日到2025年5月29日期間,0056連續4季配息1.07元(總共4.28元),但是淨值減少了7.84元,投資人等於是領到股利卻賠價差。

其實ETF的配息都是來自淨值,息配越多淨值就掉越快,絕對沒有「穩賺」喔!資本平準金還有「不穩定」的缺點,2025年4月9日台股重挫,0056的資本平準金變成 –1.28元,「負數」無法拿來配息,就可能導致0056的配息減少,這點一定要放在心裡面。所以,別光看配息數字好不好看,更要看配息的錢從哪裡來,能不能年年穩定。

如果你沒有搞懂這一點,道聽塗說存了365張來天天領息,本來預期1年股利可以配個3、4元,萬一又回到過去的1元,當你的年紀越來越大,股利卻越領越少,還能夠樂活退休嗎?請記住,最近幾年的高配息都是在吃「資本平準金」這個老本,遲早會花光。萬一碰到股災,資本平準金甚至會快速蒸發。

買對又買巧 退休月月領現金

那麼,存0056來退休可不可行?當然還是可以,但是你要多存幾張,因為很難長期維持10%以上的殖利率。

退休族要的是安穩,所以還是要有「分散投資」的概念。0056 指數精神是預測未來 1 年高息股,00878 是挑選過去 1～3 年高息股,00919 則是挑選今年配息最佳股,同時配置就具有互補性。所以,將買進 365 張 0056 的金額,分散買進這 3 檔高股息 ETF,投資的布局會更完整,而且這 3 檔季配息的月分都錯開,同時買進就可以月月領息。

圖表 7-9　3 檔高股息 ETF 具互補性

ETF	0056	00878	00919
指數特點	未來	過去	現在
配息月份	1、4、7、10	2、5、8、11	3、6、9、12

那麼要先買哪一檔,還是一次買 3 檔?我喜歡「先集中、再分散」,先集中火力存好一檔,再靠它的股利去存下一檔,就會越存越快。投資就是要賺錢,所以優先挑選報酬率高的,00919 從上市以來到 2025 年 5 月,報酬率勝過其他 2 檔 ETF,而且從圖表 7-10 的統計可以看出,00919 的殖利率也最高,表示可以領到最多的股利來繼續存股,所以我會先挑選 00919,目標先存到 100 張。

接著再存股價較便宜的 00878,可以快一點存到 100 張,0056 因為最貴,所以最後存。存股是一個「先苦後甘」的過程,

一開始存 00919 可能會比較辛苦，但是往後再拿 00919 的股利存 00878，最後拿 00919 跟 00878 的股利存 0056，就會越來越輕鬆了！以上只是講一個觀念，讀者也可以自行挑選喜歡的 ETF，來配置退休金組合。

高股息 ETF 持有幾十檔成分股，也會不斷地更換成分股，倒閉風險極低，很適合退休族。本章中所提到的 0056、00878、00919，只是用來說明指數互補的觀念，並非推薦喔！讀者可以挑選自己心儀的 ETF，但是請注意，每一檔 ETF 的指數都有其優缺點，要記得「分散」跟「互補性」這兩大原則。

圖表 7-10　3 檔高股息 ETF 股利表現

年度	2023				2024				平均
股利所屬季度	Q1	Q2	Q3	Q4	Q1	Q2	Q3	Q4	
00919 股利（元）	0.54	0.54	0.55	0.66	0.7	0.72	0.72	0.72	0.64
殖利率（%）	2.66	2.47	2.41	2.56	2.60	2.98	3.00	3.03	2.71
00878 股利（元）	0.27	0.35	0.35	0.4	0.51	0.55	0.55	0.5	0.44
殖利率（%）	1.50	1.63	1.69	1.78	2.16	2.38	2.42	2.24	1.98
0056 股利（元）	—	1	1.2	0.7	0.79	1.07	1.07	1.07	0.99
殖利率（%）	—	2.78	3.44	1.92	2.03	2.53	2.74	2.94	2.63

💵 傳家私房筆記

50 歲還來得及存股嗎？

你知道嗎？股神巴菲特 90% 的財富，都是在 50 歲以後才得到的！

曾經有粉絲問我：「我都已經 50 歲了，存股票還來得及嗎？」其實現在醫學進步，很多人都可以活到 90 歲，50 歲只是小弟弟。年紀不是問題，重點是善用複利的威力來存股。在我 29 歲當流浪教師的時候，薪水頂多 4 萬多，但是我堅持省錢不敗家，投資股票 30 年以改變未來，在我 58 歲那一年，資產就增加 1 億元。

1 年賺 1 億元很容易嗎？1 億元只是冰山露出水面的那一小角，水面下看不到的是我堅持存股 30 年。

來看看圖表 7-11，假設小銘 30 歲時有 100 萬元，年平均投資報酬率達到股神的 20%，31 歲那年會累積到 120 萬元，資產增加了 20 萬元，40～41 歲會增加 124 萬元，50～51 歲增加到 767 萬元，60～61 歲更是增加到驚人的 4,748 萬元。看到沒有，股票只要越存越久，將來的回

報也就越驚人。對我來說，1 年賺 1 億元只是剛開始而已，我會跟過去 30 年一樣，堅持存下去。

圖表 7-11　長時間堅持 資產增幅驚人

年紀	30	31	40	41	50	51	60	61
資產（萬）	100	120	619	743	3,834	4,601	23,738	28,485
增加（萬）		20		124		767		4,748

說明：以初始資金 100 萬元投入、年均報酬率 20% 試算。

第8章
槓桿型ETF
替資產裝加速器

當資產累積到一定規模，我開始思考：能不能再快一點？槓桿型ETF給了我一種可能，也讓我更清楚風險在哪裡。這一章，是我從穩健進入進攻，卻不忘守備的學習過程。

50%投資法
取得風險與報酬平衡

我年輕的時代沒有網路，必須要到號子（證券行）看盤，有一回老婆跟我同去，她看到螢幕上某支股票「-2.0」就問我什麼意思？我隨口答：「1股跌2元，1張股票賠2,000元」，她一下子臉色變得慘白（我就知道她沒有投資股票的慧根），那個時代大學畢業生薪水僅2萬元上下，股票1天賠2,000元等於十分之一的薪水沒了，很難不會心跳加速。有些人為何會投資失敗？因為把錢看得太重要。

有錢人不把錢當錢，而是把賠錢當成是鞭策自己進步的動力。等到我財務自由之後，漸漸覺得金錢只是一種遊戲，慢慢放下了得失心，反而更可以看清股市的脈動。我當過25年上班族，最後成為財務自由的專職投資人，讓我認知到有錢人跟窮人的最

大差別，在於對金錢看法的不同──<mark>窮人習慣用工作收入來衡量錢的價值，有錢人則不把錢當錢。</mark>

窮人怕賠錢 有錢人在賠錢中進步

2008 年我的股票資產已經達到 1,000 萬元，但是金融海嘯一來，有時候 1 天就會損失幾十萬，我都會聯想到「幾個月的薪水白幹了」，如果連續重挫個幾天，更是直接蒸發一整年的薪水，我還記得當時鬱卒的心情，每看到一面牆壁就會用額頭撞上去，內心高喊著「為什麼」。由於窮人上班賺錢很辛苦，容易將股市虧損與薪資聯想在一起，讓恐慌加倍，最終做出錯誤的判斷。

記得在 2000 年初，我看好筆電這種行動裝置將成為未來主流，所以投資專精電池製造的新普（6121），它是相關產業中的第一名，之後，2004 年底順達科（3211）上市，產業地位僅次於新普，也被我收納入投資組合中。2010 年傳出第二名的順達科，要跟第三名的加百裕（3323）合併，共同挑戰第一名的新普，身為順達科股東的我，當然是樂觀其成。

一般的合併案都是買家（順達科）要出高價來合併賣家（加百裕），於是我盤算著先將順達科賣掉，轉換到加百裕上面，等到合併後我可以套利 20 萬元。當時我還是個窮教書的，20 萬元對我有不小的誘惑，然而事情會這麼順利嗎？

富媽媽 窮媽媽

　　我算是保守的投資人，不會只聽馬路消息來決定投資策略，我等到 2 家公司同一天開股東臨時會，再共同發布合併案，我心想「確定了」，就把順達科出清然後換到加百裕。結果，我上當了，合併案後來宣告破局，加百裕的股價往下溜滑梯，那一次我損失了 200 萬元。

　　連股東臨時會宣告的合併案都可以破局，股市中真的永遠有變數。從此我再也不信任這 2 家公司，投資股票最重要的是什麼？就是「老闆的誠信」，一次不忠，百次不容。這一役讓我損失 2 年的教書薪水，只能怪自己好傻好天真。當時我安慰自己「如果 200 萬元就害怕了，將來怎麼賠 2,000 萬元？」我當然希望有一天可以賠 2,000 萬元啊，那表示我的資產成長了 10 倍。

　　賠 2,000 萬元的那一天終於到來，2024 年 8 月 4 日我接受雄獅旅行社的邀約，在郵輪上演講兼度假，由於郵輪上 1 天的衛星網路需要 30 美元，所以我一開始並沒有辦理，8 月 5 日早上我悠哉地吃早餐，卻聽到鄰桌談論台灣股市重挫，我趕快花錢買了衛星網路，當天大盤重挫 1,807 點，再加上前一個交易日下跌 1,004 點，2 個交易日讓我直接蒸發 2,000 多萬元。

　　幸好經過多年的股市洗禮後，我一點也不覺得恐慌，覺得 2,000 多萬只是一個數字，依然在郵輪上吃喝玩樂，然後拿起手機拚命下單。

股災中學撿便宜 指數型槓桿型 ETF 不怕倒閉

當時我買了什麼呢？股災時我習慣買進大盤指數，除了不用為選股傷腦筋，也怕萬一選錯個股會賠上價差。我在郵輪上買進富邦臺灣加權正 2（00675L），我的看法很簡單，政府都不喜歡看見股市重挫，而且大跌時會有撿便宜的買盤進駐，就會在低點形成支撐。那麼怎樣才算是「跌深」呢？從圖表 8-1 的統計資料可以看出，大約是在 20% ～ 30% 之間。

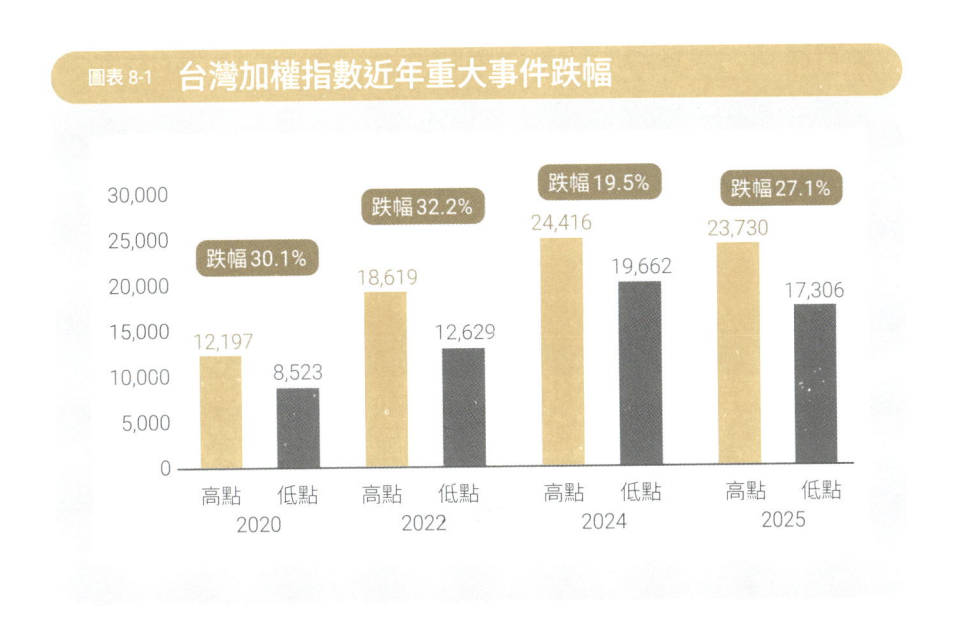

圖表 8-1　台灣加權指數近年重大事件跌幅

年份	高點	低點	跌幅
2020	12,197	8,523	30.1%
2022	18,619	12,629	32.2%
2024	24,416	19,662	19.5%
2025	23,730	17,306	27.1%

- **重大利空**：2020 新冠疫情、2022 年美國大幅升息、2025 年美國提出對等關稅，都是影響股市長遠的重大事件，大盤也都

下挫約 30%。可以看出當遭逢國際重大利空而下挫 30% 時，是極佳的進場點。

- **短期急跌**：2024 年 8 月股災，算是比較短期的急跌，也沒有重大利空消息，因此跌幅只有 20%。其實國際利空並不會經常發生，所以當股市下跌 20% 時，我就會進場撿便宜。

接著來分析一下當時我如何操作 00675L，2024 年 7 月 11 日大盤站上 24,416 的歷史高點，00675L 也創下新高，當時盤勢一片樂觀，但是請記住，<u>槓桿型 ETF 的波動度極大，「不要在高點追高」是重要的生存法則</u>。當我在郵輪遇到股市由高點反轉時，我展開 3 波段的加碼動作：

圖表 8-2　00675L 短線急跌 3 次加碼時機

日期	2024/7/11	2024/7/26	2024/8/2	2024/8/5
收盤價（元）	112.5	92.55	88.1	71.5
跌幅（％）	－	17.7	21.7	36.4
備註	－	日 K 跌破 20	大盤重挫 1,004 點	大盤重挫 1,807 點

加碼 1：日 KD 低於 20

2024 年 7 月 26 日當天 00675L 的日 K 只有 18，而且股價跌幅達到 17.7%，我開始買進。但因為大盤下挫還不到 10%，我

只小買一下試試水溫，保留現金在後面加碼。

▌加碼 2：下跌 1,004 點

2024 年 8 月 2 日大盤重挫 1,004 點，大盤重挫千點算是可遇而不可求，大跌後的下一個交易日通常會反彈，所以我選擇進場加碼。

▌加碼 3：重挫 1,807 點

沒想到下一個交易日台股又狂跌 1,807 點，真的是我人生中前所未見（2025 年又打破「紀錄」），當然要繼續加碼，既然貴的時候敢買，沒理由便宜時不敢買吧！00675L 是追蹤大盤，大盤絕對不可能歸零，在 00675L 重挫 36.4% 之後當然要用力買。

當大盤不理性重挫時，買進 2 倍槓桿型 ETF 絕對是翻身的好時機，可惜這一次我沒有完全把握住機會，我剛好在郵輪上旅遊，要是我在家絕對是買好買滿，標準的「失敗的人找藉口」。從此之後，我搭郵輪一定會把網路辦好，只要抓住一次股市機會，可以免費搭好幾趟郵輪，所以絕對不要「省小錢，然後讓大錢溜走。」

我檢討這次操作的得失，之後終於等到歷史再次重演。2025 年 4 月 4 日星期五我剛搭郵輪回來，股市在 4 月 7 日星期一崩盤重挫 2,065 點，但是成交量僅 1,660 億元，恐慌賣壓無法

有效宣洩，我決定先不進場接刀子，隔天交易量暴增到 5,774 億元，可以看出低接的買盤開始出手了，加上國安基金宣布進場護盤，我開始買進 00675L、中信中國 50 正 2（00753L）跟富邦 NASDAQ 正 2（00670L）。

股災低點時才是買進槓桿型 ETF 的好時機，不過當時川普關稅政策變來變去，導致股價劇烈波動，我買進後還是承受 7 位數的帳面損失，正 2 就是會暴漲暴跌，如果無法承受帳面上的大幅虧損，可以買進原型的元大台灣 50（0050）跟富邦台 50（006208）。

每當我講到槓桿型 ETF 時，會有投資人問：萬一跟元石油正 2（00672L）一樣，跌到下市該怎麼辦？你要了解商品的差異，以及當時的時空背景。00672L 是買進原油期貨，原油價格並沒有漲跌幅限制，加上 2 倍槓桿後的波動會更大，這是商品的特點。2020 年爆發新冠疫情，導致全球機場跟港口封閉，飛機跟貨輪的燃油需求大減，油價就一路溜滑梯。

如果你是原油期貨的投資人，不把期貨賣掉的話就必須要交割，你哪有地方放那麼多原油？所以期貨才會出現「負油價」，就是付錢拜託別人把期貨買走，因為你沒有辦法交割。

然而 00675L 是追蹤台股大盤，跟原油是完全不同的金融商品，一旦大盤歸零就表示台積電、鴻海、國泰、富邦、中華電⋯⋯

通通都倒閉，這應該是不可能發生的事吧！所以 00675L 是不可能下市的，千萬別跟元石油正 2 混做一談。

現金搭配槓桿型 ETF 穩住風險、衝高報酬

碰到股災時每個人都會恐慌，但是如果銀行裡面有很多現金，就不會那麼恐慌了吧？所以要先來講一下「曝險」跟資金的運用，當你把資金投入股市，就是暴露在風險之下，如果想要多賺一點，ALL IN 的報酬率雖然最高，但是碰到大跌也會很傷心，然而要是擔心風險而保留較多現金，跌深後大漲時一樣會因為少賺感到很難過。

善用 2 倍槓桿的 ETF 可以解決這個「煩惱」，如果將 50% 資金投入 2 倍槓桿的 ETF，一樣可以得到 100% 的曝險，但是當股市下跌時，你手上還有 50% 的現金，會不會更安全呢？而且這代表你還有錢在低點加碼，是不是更增加了勝率！這就是我採用的「50% 現金＋50% 兩倍槓桿」投資法。

圖表 8-3 曝險比例計算方式　　單位：元

本金	投資部位	現金部位	曝險比例
100 萬	20 萬	80 萬	20%
100 萬	50 萬	50 萬	50%
100 萬	100 萬	0	100%

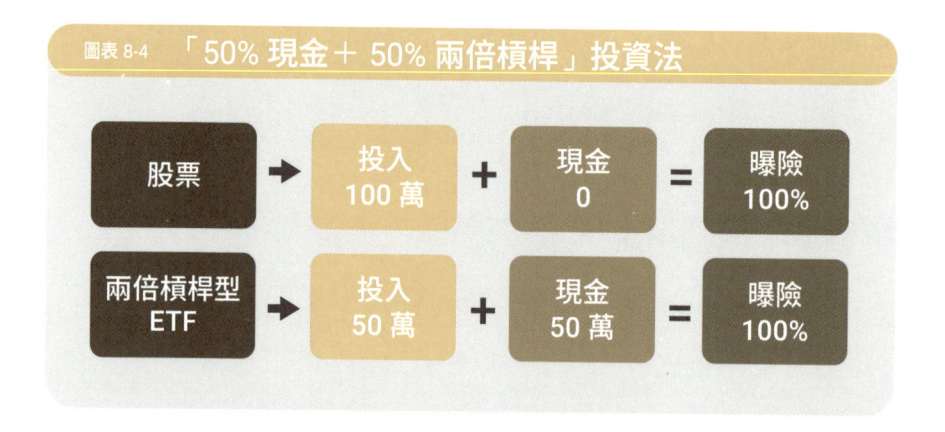

圖表 8-4　「50% 現金＋50% 兩倍槓桿」投資法

| 股票 | → | 投入 100 萬 | ＋ | 現金 0 | ＝ | 曝險 100% |
| 兩倍槓桿型 ETF | → | 投入 50 萬 | ＋ | 現金 50 萬 | ＝ | 曝險 100% |

接著用加權指數來討論原型跟槓桿型 ETF 的不同，本來採用永豐臺灣加權（006204）會比較恰當，但是它的規模僅 1.6 億元（2025/5/29），代表性較低，所以改用規模最大的 0050 來討論。追蹤大盤的 2 倍槓桿型 ETF，我習慣操作 00675L。

先來考你一個邏輯問題，你為何要投資 0050？就是相信台灣經濟會持續向上、加權指數會越來越高，那麼為何不買 2 倍的 00675L 來賺更多？從圖表 8-5 可以看出 00675L 自 2016 年 10 月 5 日上市以來累積的報酬率遠勝 0050。

接著來拆解一下 0050 跟 00675L 的報酬表現，統計期間一樣從 00675L 上市的 2016 年 10 月 5 日開始（圖表 8-6）。

年化殖利率

0050 是原型 ETF，採用半年配息；00675L 是槓桿型 ETF 不會配息，所以 0050 贏。

圖表 8-5　00675L 上市以來報酬勝過 0050

資料來源：CMoney 法人投資決策系統，2016/10～2025/7

圖表 8-6　拆解 00675L vs 0050 報酬表現

ETF	市價（元）	年化殖利率（％）	資本利得（％）	配息報酬（％）	總報酬（％）	資產規模（億）
0050	196.95	2.72	152.94	83.15	236.09	5,343
00675L	98.1	0	675.05	0	675.05	173

資料來源：陳重銘 - 不敗存股術 App（2016/10/5～2025/5/23）

資本利得、配息報酬

資本利得就是指價差的表現，00675L 大勝 0050；配息報酬則是指股利所累積的報酬，因為 00675L 不配息，所以配息報酬是 0050 贏。

總報酬

總報酬是：資本利得＋配息報酬，00675L（675.05%）大贏

0050（236.09%）。由此可以看出，配息多寡其實不重要，因為ETF的配息也是來自於淨值，重點是淨值成長所賺到的資本利得。股利要繳所得稅跟健保補充保費，賺價差則不用繳證所稅，所以我寧可少領一點股利，多賺一點資本利得。

資產規模

0050資產規模遠勝00675L，應該是大家覺得原型的0050比較安全、槓桿型的00675L風險較高，所以買0050的人比較多。富貴險中求，投資就是在風險跟報酬中取一個平衡，如果只想要低風險，最後到手的也只會是「低報酬」。由於00675L的報酬率高很多，加權指數也不可能歸零，我還是會買高報酬的商品。

複利放大漲幅 跌深帶來暴衝獲利

看了上面的數字，有沒有覺得奇怪，理論上正2就是2倍的報酬率，怎麼00675L的報酬率卻是0050的2.86倍，都超過2倍了？這個就要講一下「複利效果」了，假設大盤連2天漲停板：

- **大盤漲幅**：（1＋10%）×（1＋10%）－1＝21%，累計上漲21%。
- **正2漲幅**：（1＋20%）×（1＋20%）－1＝44%，累計上漲44%。

- **複利效果**：大盤累積上漲 21%，2 倍應該是 42%，但是正 2 卻上漲 44%，超過大盤漲幅的 2 倍。

如果大盤連續跌停 2 天：

- **大盤跌幅**：（1 － 10%）×（1 － 10%）－ 1 ＝ －19%，累計下跌 19%。
- **正 2 漲幅**：（1 － 20%）×（1 － 20%）－ 1 ＝ －36%，累計下跌 36%。
- **複利效果**：大盤累積下跌 19%，2 倍應該是 38%，正 2 卻是下跌 36%，小於大盤跌幅的 2 倍。

　　從上面數字可以看出，連續下跌時正 2 的報酬率會持續收斂，也就是減少下跌的損失，所以就算是連續 10 天跌停板，正 2 型 ETF 股價也不會歸零。

　　台灣大盤指數長期趨勢往上，再加上複利效果的威力，讓 00675L 報酬表現超過 0050 的 2 倍以上。接著來看一下 2025 年 4 月股災時，0050 的跌幅小於 00675L，但是從谷底反彈時，00675L 的報酬率卻也是 0050 的 2.3 倍（圖表 8-7）。

　　槓桿型 ETF 迷人之處，就是有「跌得凶、彈得高」的特

點。這裡考大家一個問題，股票 A 從 100 元跌到 70 元，跌幅是 30%，那麼從 70 元再漲回 100 元，需要多少漲幅？很多人以為，既然跌了 30%，漲回去也是需要 30% 啊！錯了，從 70 元漲回 100 元，需要上漲 30 元，漲幅是 30÷70 = 42.86%。

從圖表 8-8 可以看出，股價跌得越兇，將來要漲回原價的幅度就會越大。股災一定會讓正 2 型 ETF 重挫，一旦從谷底上升，反彈幅度也會更驚人。所以在股災時，我一定會買進大盤 2 倍槓桿的 ETF，因為大盤不會歸零。

圖表 8-7 2025 年股災後 00675L vs 0050 報酬表現

股票	日期	4月1日	4月9日	4月9日	5月16日
00675L	股價（元）	79.6	50.35	50.35	79.55
	漲跌幅（%）		−36.7		58
0050	股價（元）	176.3	146.2	146.2	183
	漲跌幅（%）		−17.1		25.2

圖表 8-8 回到起跌點需要的漲幅

原始資金（元）	跌幅（%）	剩餘資金（元）	需要漲幅（%）	回本（元）
100	−10	90	11.10	100
100	−20	80	25	100
100	−30	70	42.9	100
100	−40	60	66.7	100
100	−50	50	100	100

做好資金配置、心態調整 才能降低風險

有許多人定期定額買進 0050，覺得這是很安穩的投資法，當然我也認同。但是，投資就是想要賺更多，當我在 50 歲財務自由時，我想著：要是能提早 10 年財務自由該有多好？只要每年多幾個百分點的報酬率，提早退休不是夢。馬上算給你看，假設投資人用定期定額法，每月投資 1 萬元買進 0050，如圖表 8-9 的統計資料，2017～2024 年的 8 年內，總共投入 96 萬元，會累積到 211 萬 1,574 元。

但是，每個月只用 5,000 元投資 00675L，另外的 5,000 元則是存起來，8 年後 00675L 總資產是 196 萬 1,209 元，再加上存起來的 48 萬元，總資產為 244 萬 1,209 元，比全部存 0050 還要多 32 萬 9,635 元，是不是賺更多？

圖表 8-9　投資 8 年 00675L vs 0050 績效差異

投資標的	0050	00675L
每月投資金額	10,000	5000
累積投資金額（元）	960,000	480,000
股利金額（元）	173,306	0
資產終值（元）	2,111,574	1,961,209
損益金額（元）	1,151,574	1,481,209
總報酬率（%）	119.96	308.59
年化報酬率（%）	10.35	19.24

資料來源：MoneyDJ，2017/1/3～2024/12/31

儘管 2 倍槓桿的 00675L 報酬率比較高，但是萬一往後碰到股災，受傷也會比較重嗎？假設後來 0050 下跌 20%（剩餘資產＝ 2,111,574×0.8 ＝ 168 萬 9,259 元），而 00675L 下跌 40%（剩餘資產＝ 1,961,209×0.6，再加上 48 萬現金＝ 165 萬 6,725 元），計算後發現投資 00675L 僅比全部存 0050 多損失 32,534 元，差距不到 2%。

原因很簡單，雖然 0050 的跌幅較小，但是你滿手 0050 一樣會受傷。儘管 00675L 的跌幅加倍，因為有保留一半的現金，股災時發揮出穩定資產的力量。有現金在手，你除了比較安心外，要是能把握時機在低點加碼，將來的回報也會很開心。

投資就是要簡單，不需要太複雜的理論與操作，只要你相信台灣經濟會持續成長，可以投資加權指數正 2，然後耐心等待。很多小資族在房貸、生活費、小孩學費的夾縫中求生存，每個月只能省一點錢來投資，「定期定額＋逢低加碼」會是最佳的策略。

▌資金配置

如果 1 個月可以省下 1 萬元，不妨將資金分成 2 筆，第一筆的 5,000 元每個月定期定額買進 00675L，另一半的 5,000 元可以先存起來，作為往後逢低加碼用。

▌逢低加碼

要提醒的是，定期定額雖然是安穩的投資法，但是只會得到

平均的報酬率，想要得到較高的報酬率，就要搭配「逢低加碼」這個大絕招。例如存了 3 個月，額外累積了 1 萬 5,000 元的資金，一旦低點加碼的指標出現了，就要勇敢將 1 萬 5,000 元投入買進。

加碼時機

逢低加碼要找到相對低點，日線的波動太大，也容易受騙，所以我習慣採用較長的週線找買點。當週 KD 指標在低點黃金交叉（K 線從下向上穿過 D 線），就是逢低加碼的時機。另外，如果有突發利空，例如大盤 1 天重挫千點，對我來說都是加碼的好機會。

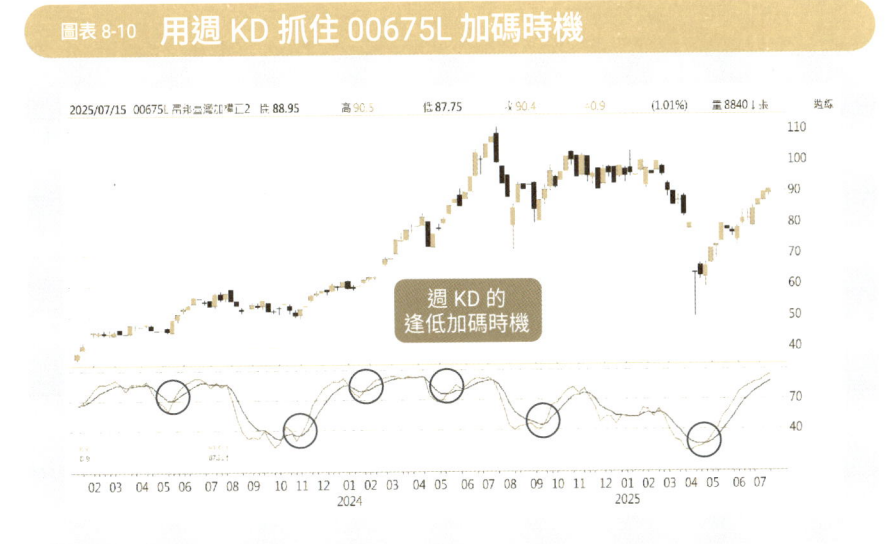

圖表 8-10　**用週 KD 抓住 00675L 加碼時機**

資料來源：CMoney 法人投資決策系統，2023/1 ～ 2025/7

投資股票往往是「知易行難」，採用定期定額方式可以避免ALL IN 在最高點，搭配逢低加碼能夠降低成本，只要台股大盤持續往上，真的是想輸都難。理論大家都會講，最難的就是「堅持」這兩個字。

2025 年 6 月，國泰台灣加權正 2（00663L）進行分割，「1 拆 7」後 1 張僅 3 萬元，我在粉絲團公開定期定額實驗，每週一買進 5 張，預計先存到 1,000 張。

相信在往後的幾年中，台股還是有大幅波動的可能，我會遵守「逢低加碼」的策略，用 2 倍槓桿型 ETF 來支持台灣的加權指數。我相信台灣股市長期向上，所以笑到最後的一定是我。

傳家私房筆記

用魔鏡克服恐懼和貪婪

理論上，人是理性的動物，從小到大讀了這麼多書，應該可以冷靜客觀地思考，用數據來理智投資。但是人又是感性的動物，往往會用感情跟直覺來決定投資，究竟哪一個是對的？其實可以將理性跟感性結合。

當股市異常大漲時，理性告訴我應該要小心並獲利了結，但是感性卻讓我覺得會一路漲上天，要抱牢持股並加碼；而當股災重挫時，理性告訴我是低頭撿珍珠的好時機，感性的我卻怕買了之後「天天更便宜」，緊張到無法出手。

要理性還是感性，其實身體是最誠實的，我學會把自己當作反指標。當我無法做出抉擇時，我習慣挑一個夜深人靜的晚上，站在鏡子前面仔細觀察，如果鏡中那個人非常開心，我就知道要賣股票了！同樣地，如果鏡中那個人的表情很恐慌，隔天我就會進場買股票。把自己當反指標，準確率幾乎是 100%。

趨吉避凶是人的天性，總是會有人問：槓桿型 ETF 大跌時很恐怖，會不會連續 10 天跌停板就歸零？為什麼是 10

天?因為台股1天最多跌10%,所以很多人覺得連續跌停10天就會歸零賠光,然而這個說法正確嗎?

讓我們一樣用數字來算一下,從圖表8-11可以看出,大盤連續跌停10天後,還會剩下34.9%,並沒有歸零,就算是跌幅2倍的正2型ETF,連續10天跌停後也會剩下10.7%,也還是沒有歸零。

圖表8-11 配息 vs 不配息資產變化　單位:元

類型	原始價格	連續跌停10天									
大盤	100	90	81	72.9	65.6	59	53.1	47.8	43	38.7	34.9
正2	100	80	64	51.2	41	32.8	26.2	21	16.8	13.4	10.7

那麼大盤有可能連續10天跌停嗎?回顧一下歷史,1988年9月24日台股收盤後,財政部長郭婉容宣布從1989年1月1日起,恢復課徵證券交易所得稅,下一個交易日股市全面跌停,幾天後證交所將跌幅減半,導致連續無量下跌達19天,加權指數由8,700多點跌至4,870點,總

跌幅為 44%，就算連續下跌 19 天，大盤也沒有歸零。

當股災降臨時，政府不會放任不管，會採用一系列的手段來煞車，例如跌幅減半、國安基金進場。前面有統計 2020～2025 年加權指數最大跌幅為 2022 年的 32%，2022 年 00675L 股價從年初最高點 59.3 元，跌至年底的 29.65 元，總跌幅為 50%，可見追蹤大盤的 2 倍 ETF 是不可能歸零的。

但是你知道嗎，隨著股市上揚，00675L 從 29.65 元一路往上，大漲到 2024 年的 113.05 元，漲幅高達 281%。所以，當大盤下跌 30%、00675L 股價腰斬時，儘管感性的我會很恐慌，但是理性的我卻一定會選擇貪婪。

第9章
開啟全球布局的視野

當資產成長到一定程度,我開始思考:除了台股,還能在哪裡複製這套策略?美股,是全世界最有效率、也最競爭的市場。這一章,我從認識美股4大指數談起,分享我如何踏出第一步,把握美股成長動能,也替下一代開啟更多可能。

富媽媽 窮媽媽

從選股到4大指數
打造美股投資地圖

我小時候還挺窮的,所以很喜歡過春節,不但有好吃、好喝跟好玩的,還可以拿紅包,特別是美國阿公跟阿嬤的紅包。我外公在日本時代是當警察,後來到巴西打拚,最後定居在美國,所以我很多阿姨跟舅舅都在美國發展,也都有很好的事業。但是我老媽因為較早結婚,就留在台灣。

台灣海峽兩岸之間的關係,持續影響著台灣的政局跟股市,1996年中國飛彈試射,引發了台海危機,1999年前總統李登輝提出了「兩國論」,兩岸關係開始變得緊張。老媽為了我們子女著想,用依親的方式到美國申請綠卡,在美國住了5年的移民監,跟美國的阿姨們同住,日子過得很是開心。但是這下可苦了我,3個小孩沒有老媽幫忙照顧,只能花錢送到安親班跟保母家,

1個月的開銷超過5萬元,我只好同時在學校擔任日夜間部雙導師,才有足夠的錢養家跟投資股票。

我外公很厲害、很有膽識,在那個年代選擇到巴西跟美國發展,開啟了家族不一樣的未來;我老媽應該也是遺傳了相同的基因,所以敢賭在未上市的台積電(2330)上面。有時候我會想,如果我年輕時順利出國留學,有了美國外公跟阿姨、舅舅們的提攜,人生的軌跡會不會不一樣?可惜人生無法重來。

台灣很好,但是兩岸之間存在很大的變數,我必須要為下一代做準備。趁著我現在有能力時,讓小孩出國讀書,順便看看不一樣的世界,如果在國外有更好的工作,也不一定要一輩子都窩在台灣。

我還挺羨慕一些有錢人,可以在全世界投資、置產,我想在北歐看極光,在澳洲看南半球的星空,如果在這些國家都有置產,我就可以到處度假過我的退休生活,也不用再煩惱兩岸之間的紛紛擾擾。美國是最有機會的市場,全世界最大的企業、最有錢的富人都聚集在這裡,所以幾年前我開始投資美股,打算利用美股賺到的錢,在海外置產。

儘管都是投資股票,但是美股跟台股還是有不同之處,美國的企業喜歡把獲利再拿去投資,也就沒有多少錢可以配息,台股常用來評估一家公司的殖利率法,不一定適用在美股上面。此

外,美國科技股由於成長性高,加上全球資金匯集,高漲的股價也讓本益比飆高,用台股低本益比的觀念選股,可能忽略掉好公司。

用本益成長比 算出美國科技股合理價

所以,在美國科技股的研究上面,我喜歡採用「本益成長比」的方法,核心觀念是:**獲利成長性越高的公司,可以擁有更高的本益比**,也就是在討論本益比時,要同時考量「獲利的成長性」。讓我舉一個例子說明,有 A、B 兩間店面,目前每年都可以收到 50 萬元租金,但 B 店面旁的捷運站即將於明年完工,預計每年可以調高 5% 的租金,請問你願不願意用更高的價錢購買 B 店面呢?

我想大家都會願意,也就是說 B 店面可以擁有更高的本益比。接下來用數字來說明,假設屋主要同時出售這 2 間店面。首先,屋主對購買者說,A 店面每年可以收 50 萬元租金,如果賣你 1 千萬元,20 年後就可以回本,這時候 A 店面的本益比為 1,000÷50 = 20(本益比 = 付出的成本 ÷ 收益)。可是當購買者一樣開價 1 千萬元要購買 B 店面時,屋主會同意嗎?當然是不會的。

儘管 B 店面第 1 年的租金是 50 萬元,售價 1 千萬元的本益

比同樣是 20 倍，但是因為 B 店面的租金每年成長 5%，20 年總共可以收回 1,653.3 萬元租金。所以 B 店面的售價就算提高到 1,653.3 萬元，跟 A 店面一樣可以 20 年回本，此時 B 店面的本益比為 1,653.3÷50 = 33 倍，高過 A 店面的 20 倍。

圖表 9-1　獲利成長性越高 本益比就越高　　單位：萬元

年數	1	2	3	4	17	18	19	20	總計
店面 A 租金	50	50	50	50	50	50	50	50	1,000
店面 B 租金	50	52.5	55.1	57.9	109.1	114.6	120.3	126.3	1,653.3

同理，獲利逐年成長的股票，也可以擁有更高的本益比，根據「本益成長比」的經驗公式，年成長 20% 的公司可以有 20 倍的本益比，年成長 30% 則可以有 30 倍的本益比。以護國神山台積電為例，台積電 2019～2024 年的 EPS 每年成長率約 28%，因此可以給予 28 倍的本益比，用此來推估合理股價（圖表 9-2）。

圖表 9-2　用本益比 28 倍推估台積電（2330）股價　　單位：元

年度	2019	2020	2021	2022	2023	2024	2025（估）
EPS	13.32	19.97	23.01	39.2	32.34	45.25	58.8
理想股價	373	559	644	1,098	906	1,267	1,646
7 折股價	261	391	451	768	634	887	1,152

本益成長比只是一個經驗公式，不會百分之百準確，而且股市總有意外，所以我習慣加上 30% 的安全邊際，也就是打 7 折。從圖表 9-3 可以看出，先用本益成長比計算出理想股價，再打 7 折後的預估股價線圖，跟台積電實際的股價走勢，有很高的關聯性，也證明了確實可以用本益成長比來預估股價。

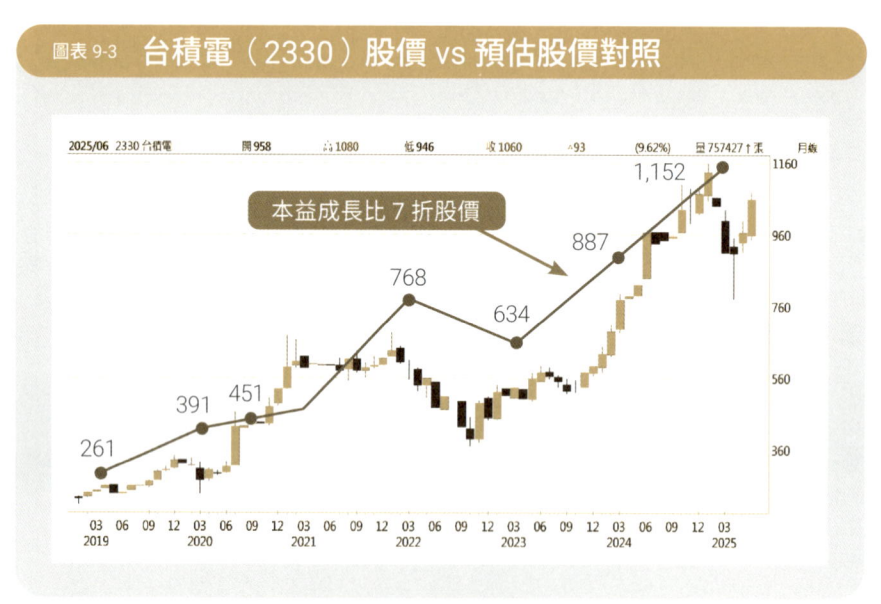

圖表 9-3　台積電（2330）股價 vs 預估股價對照

資料來源：CMoney 法人投資決策系統，2013/1 ～ 2025/6

接著來看一下美股的 META（美股代號：META，原名臉書），2019 ～ 2024 年的 EPS 從 6.43 美元成長到 23.86 美元（圖表 9-4），換算出來的年均成長率為 30%，因此可以給予 30 倍的本益比。

圖表 9-4　META（META）EPS 年均成長率 30%　單位：美元

年度	2019	2020	2021	2022	2023	2024
EPS	6.43	10.09	13.77	8.59	14.87	23.86

接著用實際股價來驗證看看，2024 年 META 的 EPS 為 23.86 美元，用 30 倍本益比計算的股價是 715.8 美元，打 7 折後是 501 美元。觀察 2025 年 2 月 14 日股價最高為 740.89 美元，而在 2025 年 4 月 7 日股災時，股價最低為 481.9 美元，都非常接近用「本益成長比」計算出來的價位，可見這個理論還是有效的。

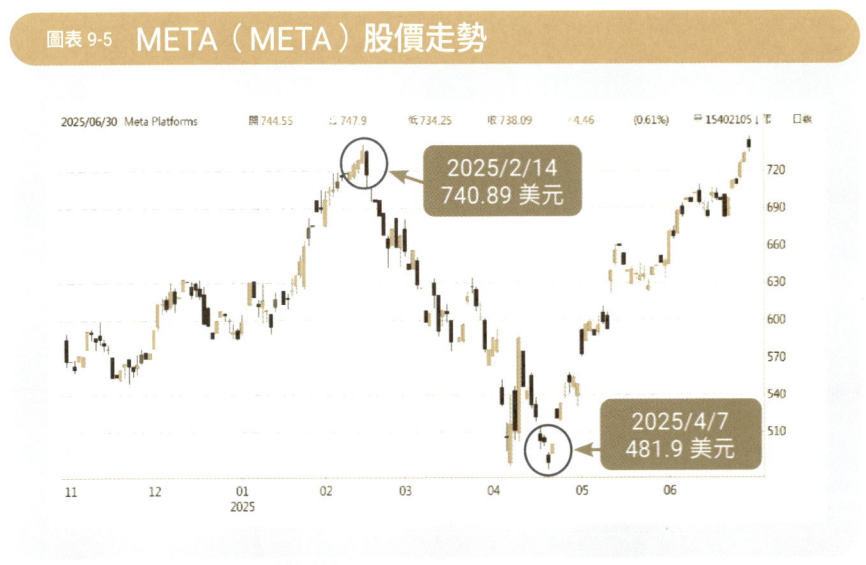

圖表 9-5　META（META）股價走勢

資料來源：CMoney 法人投資決策系統，2024/11 ～ 2025/7

好股票抱緊處理 領股利就能養活你

想要抓到成長股需要花時間研究，也需要長期持有的耐心跟一點點運氣，股神巴菲特從 1988 年開始買入可口可樂（美股代號：KO），至今持股成本只有 3.24 美元，隨著全球經濟不斷成長，可樂的銷量日增，1998 年時可口可樂股價已經到達 40 美元，巴爺爺成功抓到了成長股。

然而隨著市場日益飽和，加上現代人越來越高的健康意識（一罐 330ml 的可口可樂汽水含有 33 克糖），雖然可口可樂無法再複製早期的大成長，但是品牌口味早已經深入人心，全球每天的銷售量超過 10 億杯，即使經濟再怎麼不景氣，消費者還是會想要喝可樂，可口可樂就像印不停的印鈔機，源源不絕地產生現金流。

巴爺爺曾經承諾，可口可樂的股票是波克夏少數的永久持股之一，因為持有成本很低，所以股利殖利率超過 5 成，抱一輩子都划算。可口可樂已經成為巴菲特的搖錢樹，不斷把領到的股利投資在其他好公司，便能持續擴大他的投資帝國。

圖表 9-6 **可口可樂（KO）近幾年配息紀錄**

年度	2020	2021	2022	2023	2024
股利（美元）	1.64	1.68	1.76	1.84	1.96
成本殖利率（%）	50.6	51.9	54.3	56.8	60.5

這種「成本低、不會倒、獲利跟股利成長」的公司，把握「手中有股票，心中無股價」的心法，長期抱著當作搖錢樹就好了。想要財務自由其實不難，就是先種下一棵搖錢樹，然後拿它的股利再去種第 2 棵搖錢樹；有了 2 棵搖錢樹後，種第 3 棵的速度也會變快。請記住「沒有奇蹟，只有累積」，種樹需要時間，更不可能一步登天，所以要持之以恆而且越早開始越好。

不過，美國的股票有上萬檔，想從裡面找出珍珠需要相當大的精力，而且美股沒有漲跌幅限制，對於初入美股的投資人並不友善。因此，我們可以先從美國 4 大指數著手：費城半導體、道瓊工業、那斯達克、標普 500。以下就來介紹指數，以及相關的台股 ETF。

費城半導體指數：全球科技巨頭齊聚

費城半導體指數（SOX）創立於 1993 年，涵蓋半導體設計、設備、製造、銷售與配銷等產業，是全球半導體產業主要指標，台積電的 ADR 也包含在費城半導體指數中。截至 2025 年 7 月 31 日，台積電市值占費城半導體指數權重達 8.24%，因此可以說台股和費城半導體的關聯性最高。

國泰費城半導體（00830）便是追蹤費城半導體指數的 ETF，儘管是在台灣上市，但因為成分股都在美國，所以不受

到台股漲跌幅 10% 的限制。隨著 AI、機器人、自駕車、太空產業……蓬勃發展，半導體的需求肯定有增無減，所以 00830 也適合定期定額、長期投資。

圖表 9-7 國泰費城半導體（00830）基本資料

ETF 簡稱	證券代號	標的指數	管理費	保管費	收益分配	漲跌幅度
國泰費城半導體	00830	美國費城半導體指數	0.45%	0.11%	年配	無限制

00830 擁有 30 檔成分股，包含輝達、博通、台積電、AMD、高通……等世界大廠，絕對不可能同時倒閉，**所以在定期定額的同時，千萬記得「股災用力買」的要訣**，可以增加報酬率。來看一下過去的歷史表現，在 2020 跟 2022 年，費城半導體指數發生過 2 次大跌（圖表 9-8）。

2020 年新冠疫情

2020 年全球爆發新冠疫情，費半指數下跌 28%，之後反彈 188%。

2022 年俄烏戰爭

2022 年爆發俄烏戰爭，美國高通膨引發大幅升息，費半指數重挫 48.6%，之後反彈 182%。

著名作家馬克·吐溫曾經說過：「歷史不會重演，但總會

驚人地相似。」2025 年 4 月川普拋出對等關稅議題，00830 在 2025 年 4 月 7 日當天的跌幅高達 20.6%，我當然進場撿便宜啊，並在 4 月 8 日粉絲團直播時，公開宣告要布局 1,000 張，隨後費半指數向上反彈，我也開始賺錢，但是人算不如天算，我卻在匯率上栽了跟頭。

因為受到關稅議題影響，5 月初台幣暴力升值，投資美股的 00830 便產生匯損。從圖表 9-9 可以看出，儘管費半指數大漲 14.1%，但是 00830 卻只有小漲 5.6%，因為被匯率吃掉了 8.9%。只要是投資美股的 ETF，都存在匯率的風險，幸好 00830 可以

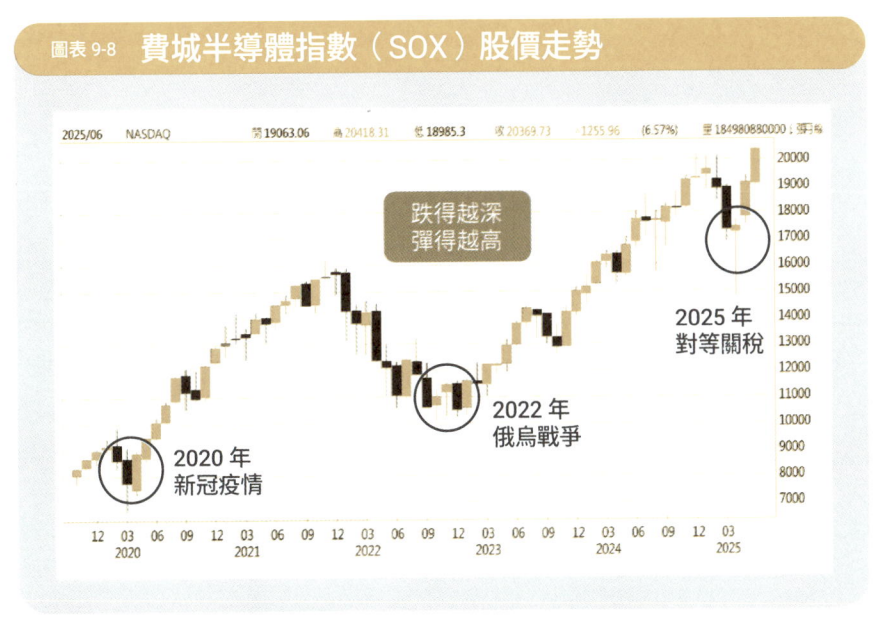

圖表 9-8　費城半導體指數（SOX）股價走勢

資料來源：CMoney 法人投資決策系統，2019/11～2025/7

長期投資，而且台幣升值也表示買進美股更划算。所以我會趁著「台幣升值、美股下跌」時多布局一些美股，等到將來「台幣貶值、美股上漲」時，就可以賺進匯差跟資本利得。

圖表 9-9 匯損拉低 00830 報酬

日期	2025/4/2	2025/5/13	漲跌幅
費城半導體指數	4,320.75	4,931.36	14.1%
國泰費城半導體（元）	36.67	38.74	5.6%
台幣兌美元	33.214	30.245	−8.9%

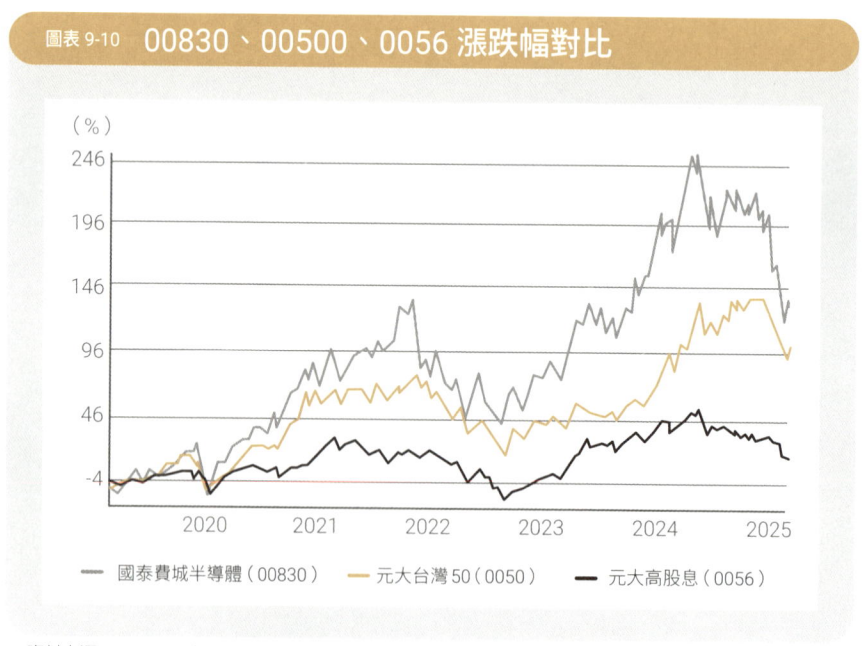

圖表 9-10 00830、00500、0056 漲跌幅對比

資料來源：CMoney 法人投資決策系統，2019/1 ～ 2025/6

接著來看一下從 00830 上市以來，跟 0050、0056 的報酬率比較（圖表 9-10），00830 的走勢明顯是大起大落，這是因為集中在半導體單一產業；0056 的線條較為平穩，表示抗波動性佳，0050 則在兩者之間。科技產業的特點是「高風險、高報酬」，一般人的解讀是「可以獲得較高的報酬率，但是也要承受大跌的風險」，不過我的解讀卻是：在高風險（大跌）時進場，就會有機會獲得高報酬。不入虎穴，焉得虎子？ 00830 的報酬率勝過 0050 跟 0056，所以你千萬不要只是投資台股。

道瓊工業指數：藍籌代表聚焦民生龍頭

道瓊工業指數（DJI）創立於 1896 年，是美國 4 大指數中歷史最悠久、最知名，也是被各國引用最廣泛的美股指數。成分股由 30 家知名「藍籌股」所組成，因為賭場中藍色的籌碼價值最高，所以藍籌股代表經營優秀且穩定的大公司股票。請記住，道瓊指數僅代表美國藍籌股走勢，而非整體股市。

圖表 9-11 道瓊工業指數主要產業分布

產業	金融	資訊技術	醫療保健	非核心消費	工業
權重（%）	24.29	18.71	13.74	13.41	12.26

資料日期：2025/4/30

道瓊工業指數創立時，美國正處於「工業革命」時代，所以名稱中有「工業」這2個字，如今的道瓊成分股則是以民生產業為主，像是聯合健康、微軟、家得寶、開拓重工、美國運通、麥當勞、蘋果、亞馬遜、迪士尼、可口可樂等。

道瓊工業指數的特點是以「股價」加權，股價越高所占的權重越大。股神巴菲特在2017年9月曾預言，道瓊工業指數在未來100年內，將有望一路拉升至100萬點以上，你心動了嗎？想在國內投資道瓊工業指數，目前有3檔ETF可供參考（圖表9-12）。

這3檔ETF剛好囊括原型ETF 00668、槓桿型ETF 00852L跟反向型ETF 00669R，可以做投資策略上的搭配。如果相信將來道瓊會上100萬點，可以定期定額投資原型跟槓桿型，長期持有然後再配合逢低加碼。當指數站上歷史高點時，也可以

圖表 9-12　國內投資道瓊工業指數的 3 檔 ETF

ETF簡稱	股票代號	經理費	保管費	股利分配	漲跌幅度	投資策略
國泰美國道瓊	00668	0.45%	0.18%	無	無限制	長期持有
國泰美國道瓊正2	00852L	0.85%	0.18%	無	無限制	短線、長期
國泰美國道瓊反1	00669R	0.85%	0.18%	無	無限制	短線避險

藉由反向型ETF來避險。提醒你，不管買進哪一類型ETF，重點在於事先判斷趨勢，以下拿2020～2022年的指數區間來說明。

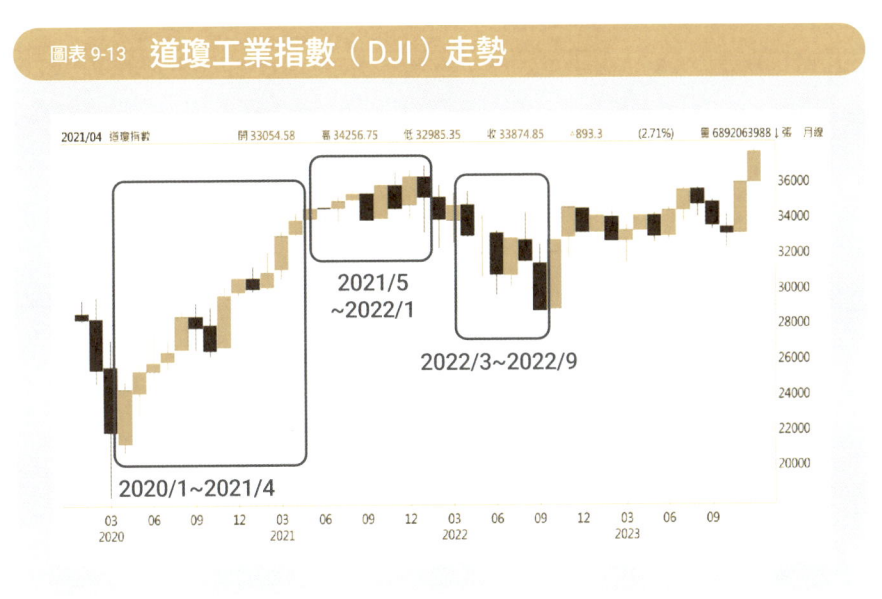

圖表9-13　道瓊工業指數（DJI）走勢

資料來源：CM法人投資決策系統，2023/1～2025/1

2020年1月～2021年5月

2020年初爆發新冠疫情，道瓊指數從2.82萬點，急挫到1.82萬點，隨即美國聯準會大幅降息，降息就是將資金從銀行釋出，可以預期對股市有正面的幫助。前景看好時可以買進原型的00668，如果膽大一點就投資槓桿型的00852L。在資金行情挹注下，道瓊指數於2021年底站上3.69萬點，大漲1倍。

▌2021 年 5 月～2022 年 1 月

股市不可能一直漲不停,大漲之後會有人趁機獲利了結,就會出現一段時間的盤整休息。道瓊在 2021 年 5 月站上 3.5 萬點後,隨即在高點震盪整理,此時便可以使用 2 倍的 00852L,來回操作價差的獲利也不錯。

▌2022 年 1 月～2022 年 9 月

2022 年 2 月俄烏戰爭開打,引發全球通膨疑慮,美國開始暴力升息,表示資金會回到銀行,就可以預期對股市不利。美國在 2022 年大幅升息 17 碼(4.25%),道瓊指數也一路滑落到 2.87 萬點。如果在戰爭開打跟升息初期,用部分資金買進 00669R,反而可以在空頭時獲利。

最後來總結一下,由於全球經濟不斷地成長,所以主要股市大多是持續向上,美國跟台灣的趨勢就很明顯。因此,保守的朋友可以長期投資原型的 ETF(如 00668、00830),膽大心細則可以持有 2 倍槓桿型(如 00852L、00670L),至於反向型的 ETF(如 00669R、00632R),強烈不建議長期持有,00669R 在 2016 年 10 月以 20 元上市,2025 年 5 月 15 日時股價只剩下 6.43 元。不是說 00669R 不好,而是反向型的特性就是如此,只適合在指數高點時避險,賺到錢就一定要跑。

那斯達克 100 指數：匯集新創科技龍頭

那斯達克指數（NASDAQ）成立於 1971 年，成分股包含所有在美國那斯達克上市的股票，但由於那斯達克指數成分股太多，因此多數相關 ETF 是追蹤那斯達克 100 指數。那斯達克 100 指數於 1985 年開始編製，從那斯達克指數中剔除金融類股後，再選擇市值前 100 大的公司，並依據市值計算權重。富邦投信有推出 3 檔相關的 ETF，包含原型的 00662、槓桿型的 00670L 跟反向型的 00671R。

圖表 9-14　國內投資那斯達克指數的 3 檔 ETF

ETF 簡稱	股票代號	管理費	保管費	收益分配	漲跌幅度
富邦 NASDAQ	00662	0.3%	0.21%	無	無限制
富邦 NASDAQ 正 2	00670L	0.89%	0.2%	無	無限制
富邦 NASDAQ 反 1	00671R	0.89%	0.18%	無	無限制

NASDAQ 被稱為「全球科技股的主場」，主要投資在資訊、通訊等產業，匯集了許多以創新為核心的新興企業，像是引領 AI 晶片技術的輝達、深耕元宇宙與虛擬實境的 Meta、AI 軟體與雲端服務巨擘的微軟、手機霸主的蘋果等，因為是以市值來決定權重，不可避免集中在少數大公司，前 3 大成分股占了將近 25% 權重，前 10 大也占了約 50% 權重（圖表 9-15）。

由於美國科技股的趨勢是長期往上,因此不論是原型的 00662 或是 2 倍的 00670L,長期投資表現都很不錯,讀者可以採用「定期定額＋逢低加碼」的投資策略,重點是有紀律地買進。投資不難,難在堅持。

圖表 9-15 富邦 NASDAQ（00662）組成結構

產業分布		主要成分股	
產業	比例（%）	公司	權重（%）
資訊技術	50.47	微軟	8.48
通訊服務	15.4	輝達	8.31
非核心消費	13.63	蘋果	8.03
核心消費	6.12	亞馬遜	5.61
醫療保健	5.73	博通	4.53

資料日期：2025/5/14

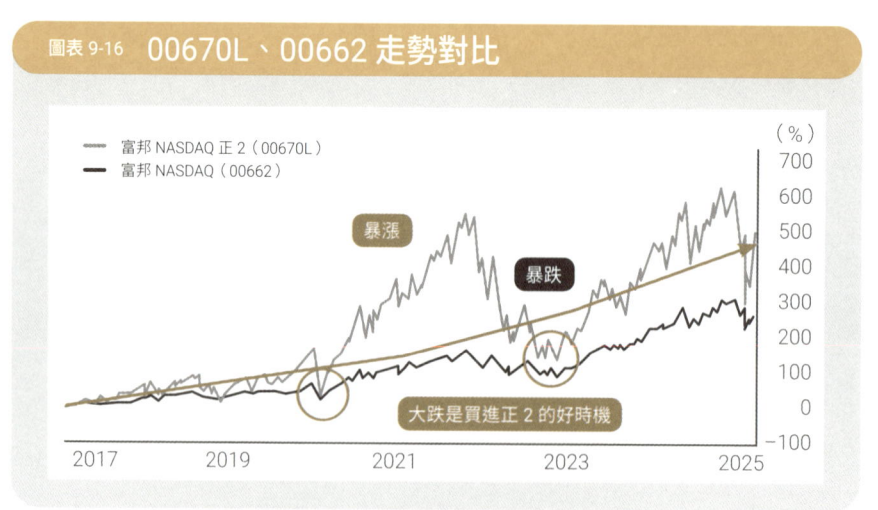

圖表 9-16 00670L、00662 走勢對比

資料來源：CMoney 法人投資決策系統,2017/1 ～ 2025/7

2 倍槓桿的 00670L 有較高的報酬率，股災時跌幅也很驚人，保守的投資人可以選擇原型的 00662，但是如果要增加報酬率，就必須把握股災的時候，買進 2 倍槓桿來以小博大。

　　2025 年 4 月因為對等關稅攪局，00670L 重挫達 34.2%，由於這種急跌並不常見，而且關稅議題遲早會落幕，所以我就進場撿便宜，1 個月後短線大漲超過 5 成，這就是槓桿型 ETF 的迷人之處。定期定額買原型，大跌時加碼槓桿型，是穩中求勝的投資組合。

標普 500 指數：最能代表美國市場

　　標普 500 指數（SPX）在 1957 年 3 月 4 日推出，以市值加權計算，成分股包含了 500 家美國大型上市公司，占美國股市總市值約 80%，是最能代表美國股市的指數。股神巴菲特說：「在我看來，對大多數人來說，最佳的投資選擇就是持有標普 500 指數基金。」並規劃將 90% 遺產都放在標普 500 指數基金。

　　在追蹤標普 500 指數的 ETF 中（圖表 9-17），VOO 因為內扣費率最低，所以報酬率也最高，非常適合長期投資的朋友。00646 的費用率最高，所以報酬率最差，但是因為可以在台灣股市交易，作價差的便利性也最佳。

　　由於標普 500 指數的成分股太多，容易分散好公司的表現，

因此又推出「標普 500 成長指數」，藉由獲利、營收、股價等因子，從標普 500 指數中濃縮出高成長潛力的成分股，復華

圖表 9-17　國內外追蹤標普 500 指數的 ETF

ETF	元大 S&P500	SPDR S&P 500 ETF Trust	Vanguard S&P 500 ETF
交易所代碼	00646	SPY	VOO
成立時間	2015/12/14	1993/1/22	2010/9/7
管理費率	0.4%	0.09%	0.03%（最優）
交易貨幣	台幣	美元	美元
購買方式	國內券商	海外券商、複委託	海外券商、複委託
報酬率	177.42%	189.63%	240.99%

說明：報酬率比較期間 2015/12/31 ～ 2025/5/16，取自 MoneyDJ

圖表 9-18　00924 vs 00646 前 10 大成分股

復華 S&P500 成長（00924）				元大 S&P500（00646）			
股票	權重(%)	股票	權重(%)	股票	權重(%)	股票	權重(%)
輝達	11.25	特斯拉	3.86	微軟	6.59	博通	2.13
微軟	6.05	博通	3.76	輝達	6.48	特斯拉	1.9
蘋果	5.07	Alphabet-A	3.33	蘋果	6.24	Alphabet-A	1.89
Meta	4.99	Alphabet-C	3.17	亞馬遜	3.88	波克夏 -B	1.81
亞馬遜	4.47	禮來	2.35	Meta	2.82	Alphabet-C	1.54

資料時間：2025/5

S&P500 成長（00924）就是追蹤標普 500 成長指數。圖表 9-18 表列出 00924 跟元大 S&P500（00646）的前 10 大持股，可以看出來是幾乎相同，但是因為 00924 指數經過濃縮，所以成分股的權重較高。

如果一家 buffet（自助餐）有 100 種菜色，要是每一道都要吃，那麼每一樣只能吃一點點，可惜胃容量就那麼大，集中火力挑選比較愛吃的，這樣就可以多吃幾口了。00924 的成分股約 228 檔，少於 00646 的 500 檔，所以 00924 成分股的權重就會比較集中，特別是輝達、特斯拉、微軟、Meta⋯⋯這些過去股價表現亮眼的公司，因此 00924 從上市以來的報酬率為 57.61%，也勝過 00646 的 43.32%（統計期間：2023/4/26 ～ 2025/5/16），就是因為比較集中。

💰 傳家私房筆記

投資美股複委託最安心

在台灣想投資美股，可以有台股 ETF、複委託、國外券商 3 個選擇。台股 ETF 的好處是方便且不用換匯，缺點就是會有時差，碰到連假時也無法下單，春節放那麼多天就有點麻煩。若是使用國外券商購買美股，大多海外券商都推出交易免手續費，也能買到比複委託更多元化的商品，可是就只有優點嗎？

風險 1：安全性

海外網路券商並沒有在台灣設立機構，且不受台灣法規的約束。

風險 2：語言障礙與資料蒐集

如果海外券商出事，投資人就必須自行處理，除了要弄懂國外相關規定、蒐集資料佐證，進行溝通協調時也可能有語言障礙。

風險 3：資產難追回

如果投資人意外過世，家人又不清楚於海外券商庫存的情形下，取回財產相對麻煩，且須繳納高達 18% ～ 55% 不

等的遺產稅（累進稅制）。

　　台灣境內唯一合法的國外證券投資方法就是「複委託」，也就是透過國內券商到海外幫你下單，買進你想要的股票或 ETF。優點是你的股票都放在國內券商，一旦發生意外，沒有繼承上的困擾，而且台灣券商常常推出不同優惠，交易手續費也越來越低。投資的錢可以環遊世界，想像一下，悠閒地搭郵輪旅遊，手機上操作著台股跟美股，期待著下一個港口的美食與風光，這才是人生。

　　歡迎大家一起：立足台灣，錢進全世界。

富媽媽 窮媽媽
陳重銘寫給不想一輩子窮忙的你，
10個觀念從領薪水到領千萬股利

作者：陳重銘

總編輯：張國蓮
副總編輯：李文瑜
資深編輯：袁于善、林倚安
責任編輯：李文瑜
美術設計：林若渝
封面攝影：黃聖育

董 事 長：李岳能
發　　行：金尉股份有限公司
地　　址：新北市板橋區文化路一段 268 號 20 樓之 2
電話：02-2258-5388
傳　　真：02-2258-5366
讀者信箱：moneyservice@cmoney.com.tw
網　　址：money.cmoney.tw
客服 Line@：@m22585366

製版印刷：緯峰印刷股份有限公司
總 經 銷：聯合發行股份有限公司

初版 1 刷：2025 年 8 月
初版 11 刷：2025 年 9 月

定價：420 元
版權所有 翻印必究
Printed in Taiwan

國家圖書館出版品預行編目（CIP）資料

富媽媽窮媽媽：陳重銘寫給不想一輩子窮忙的你,10個觀念從領薪水到領千萬股利/陳重銘著. -- 初版. -- 新北市：金尉股份有限公司, 2025.08
　面；　公分

ISBN 978-626-7549-31-5(平裝)
1.CST: 個人理財 2.CST: 財務管理 3.CST: 投資
　563　　　　　　　　　　114010207

CMoney 不敗存股術APP 打造全方位存股戰略

存股 不再手忙腳亂
投資從此更有勝算！

獨家策略
提供多元選股策略，涵蓋 個股、ETF、金融股，鎖定成長潛力標的。還有獨家收錄法人級EPS預估成長率，一眼掌握企業成長動能，避開未來衰退股，提升投資勝率！

股價評價
投資股票最怕買在高點？ 粉、橘、黃、藍 4 色燈號，快速判斷股價便宜跟昂貴價，掌握合理買入價，降低持股風險。
幫助投資人存股安心、領息無憂，還能順勢賺價差！

ETF比較模型
挑選 ETF 最怕績效不穩、報酬不如預期？透過獨家 ETF 比較功能，直接對比年化殖利率、資本利得、配息報酬、總報酬，優劣一目了然！內建教主常用的 折溢價 與 KD指標，完整數據幫助評估進出場時機，還可比較多種熱門 ETF 類型（高股息、月配息、債券型等），輕鬆篩選穩健成長標的，不再盲目選股！

獨家策略
法人級數據 + AI 智能選股

股價評價
燈號顯示，一眼看懂買賣時機

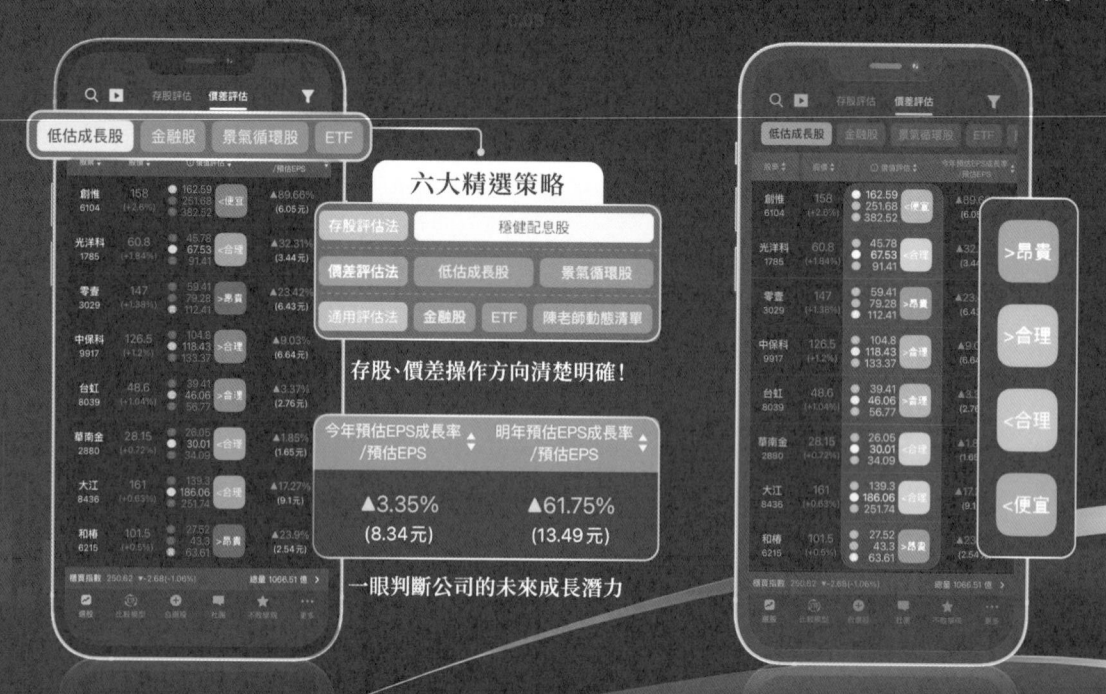

六大精選策略

存股評估法	穩健配息股
價差評估法	低估成長股 / 景氣循環股
通用評估法	金融股 / ETF / 陳老師動態清單

存股、價差操作方向清楚明確！

今年預估EPS成長率/預估EPS	明年預估EPS成長率/預估EPS
▲3.35% (8.34元)	▲61.75% (13.49元)

一眼判斷公司的未來成長潛力

ETF比較模型
一鍵找出冠軍黑馬

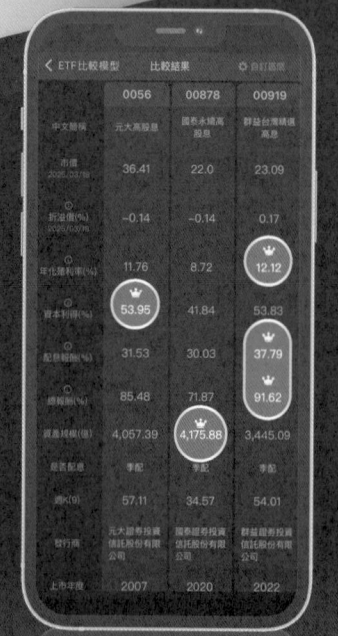

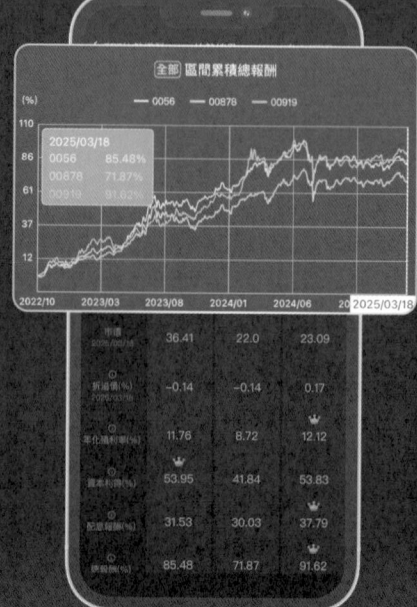

立即掃碼下載

陳重銘

不敗存股術APP

Money錢

Money錢

Money錢

Money錢